AF222754

Verpasste Augenblicke

Wer kämpft, kann verlieren.
Wer nicht kämpft, hat schon verloren.

Bertolt Brecht
1898 - 1956

Verpasste Augenblicke

Niko Papadakis

© 2008 Niko Papadakis
Herstellung und Verlag: Books on Demand GmbH, Norderstedt.
ISBN 9 783837 003727
Bibliografische Information der Deutschen Nationalbibliothek
Die Deutsche Nationalbibliothek verzeichnet diese Publikation in
der Deutschen Nationalbibliografie; detaillierte bibliografische
Daten sind im Internet über http://dnb.d-nb.de abrufbar.

Inhaltsverzeichnis :

Mit meinen Augen

Ein Hauch von Wind wehte durch das Fenster, als ich den Anruf bekam. "Ich bin's", sagte sie mit einem Tonfall, den ich noch nie zuvor von ihr gehört hatte. "Hörst Du, ich bin's".
Ich drückte auf die Aus-Taste des Apparats und wartete, bis der Widerhall dieser Worte erlosch. Als ich das Telefon wieder zusammen klappte, sah ich auf dem Display ihre Nummer langsam verschwinden. Ich stellte das Gerät auf den Beistelltisch der Couchgarnitur, die sie vor einem knappen Jahr selber ausgesucht hatte und schaltete die Mute-Taste des Fernsehers wieder an, die ich gleichzeitig mit der Annahme des Telefonats gedrückt hatte. In diesem Moment wurde Werbung eingeblendet, und die aufkommende Musik war viel lauter als der Film zuvor.

Das Glas vor mir war leer, die Colaflasche stand daneben, und ich goss mir ein volles Glas ein und trank es in einem Zug aus. Einige Tropfen rollten mir die Mundwinkel herunter. Mein Blick streifte die Digitaluhr des DVD-Recorders. Auf den grün leuchtenden Ziffern war 23:18 Uhr zu lesen. In dieser Sekunde sprang die Uhr auf 23:19. Aus dem noch offenen Wohnzimmerfenster hörte ich, wie ein Auto immer näher kam, kurz anhielt und sich nach wenigen Sekunden wieder entfernte.

Es war für einen Freitagabend verhältnismäßig ruhig auf der Straße, die sonst auch an normalen Wochentagen sehr belebt ist. Der Lärm hatte mir eigentlich nie was ausgemacht, auch nicht damals vor drei Jahren, als wir hier eingezogen sind. Inzwischen ist er zur Normalität und der Lärm der Straße ist zu einem Lebenszeichen der Stadt geworden.

Mit meinen Augen gesehen war ich immer der, der von ihr erwählt werden sollte. Ich wollte dass Sie ein Zeichen setzt und in mir den Mittelpunkt ihres Lebens sieht. Und als die Ungeduld immer größer wurde, war es für mich nur ein Bekenntnis ihres Unentschlossenseins. Manchmal war ich sogar der Meinung, dass nur ich ihre Schönheit entfalten kann. Sie würde älter werden, ich würde älter werden, die Gebäude, die Straßen würden älter werden und nur ich allein könnte das Siegel der Erleuchtung anbringen. Der Erleuchtung, dass es in dieser Straße, in dieser Stadt, in diesem Land nur zwei Menschen gibt, die dem Elend der Langenweile Paroli bieten können.

Der Ton aus dem Fernseher wurde wieder etwas leiser. Nicholas Cage hatte gerade seine Filmpartnerin geküsst, und in dem Abspann vermischten sich blaurote Buchstaben mit dem dunklen Hintergrund.

Mit meinen Augen gesehen war ich der einzige Kritiker ihrer Ausschweifungen. Dazu zählte ich jede Minute, die sie ohne mich verbrachte.

„ Meine Großmutter, lebte noch in einem Bergdorf „ sagte sie und glaubte damit eine Entschuldigung zu finden, die jedoch wie eine Nadel auf einer Schallplatte nicht die richtige Rille findet.

Eifersucht war immer eine meiner großen Schwächen. An einem einsamen Tisch mit einsamen Bechern suchte ich Trost und bestärkte mein Empfinden, dass ich Dir zu Ehren die Sklaverei wieder aufleben lasse.

Offen gestanden glaube ich nur an die Bestimmung des Herzens. Diese Macht, die analog der eines Despoten, Daumen hoch, Daumen runter, das Lebensschicksal bestimmt.

Meine Augen gewöhnten sich an die Dunkelheit, da der Fernseher jetzt ausgeschaltet war und nirgendwo ein Licht den Raum überflutete. Ich war in

einer Art Wachtraum. Selten gelingen
Befreiungsschläge ohne nennenswerte Hindernisse.
Sie war weit weg, ich war da und machtlos, die
Sonne noch sechs Stunden entfernt und die Lichter
von Paris leuchteten für Andere.
Wie gern würde ich jetzt mit Regentropfen, roten
Regentropfen die Vorderfront einer Einkaufspassage
bemalen. Wie gern würde ich Schmetterlinge in
Herzform durch die Luft fliegen sehen, doch ich bin
so unsichtbar und lediglich Untote können mich
erahnen. Wahrnehmbar bin ich nur für die
Verdammten.

Mit meinen Augen gesehen dauerte unsere Melodie
lediglich drei Jahre. Es war eine Melodie mit einem
Rhythmus zwischen Vivaldi und Rachmaninow.
Nein, nein, ich klage nicht die Vollkommenheit an.
Diese hatte sich in der Zeit unseres Zusammenseins
von der Poesie der Herzen verabschiedet. Sie hielt
Hofstaat in zugigen Bahnhofshallen und rauchigen
Vorstadtkneipen.
„Heute zu Ihren Diensten„ oder „Verzettle Dich nicht„
sagtest Du genau vor einem Monat an dem Tag als
wir beschlossen, dass unsere Liebe nur dann
Bestand hätte, wenn wir uns exakt 30 Tage nicht
sehen, sprechen oder sonst miteinander
kommunizieren.
Und dann….. rief sie an und es war wie das zünden
einer Zeitbombe. Sie hätte noch 42 Minuten warten
können, nein sie rief an und die Explosion erfasste
Spione und Verräter, Zeitungsverkäufer und
Büroangestellte, Aushilfskräfte bei McDonalds wie
auch Jungfrauen. Das Schlachtfeld war der
Umkleideraum der Einbildungskraft.
Ich wusste, dass es vorbei war. Die Tage enden,
Kriege enden, Menschenleben enden, warum soll
auch eine Liebschaft nicht enden.

Ein klitzekleiner Schimmer des Morgens ist zu
sehen. Meine Augen sind verschleiert, aber ich

erkenne die gelbrötlichen Strahlen der Sonne und es gibt fast nichts mehr, was ich wissen will, was ich erfahren möchte.

So süß war der Duft ihrer Haare, und ich lausche nach meinem Puls, um zu erkennen, ob es noch einen Sinn gibt, die Erinnerungen an Sie zu huldigen.

Ich habe ihr Ideal missbraucht, ihre Empfindungen destilliert.

Der Verkehr nimmt an Lautstärke zu, das Zimmer wird heller, meine Augen müder und ich vernehme aus der Entfernung lediglich die Worte: „Ich bin's, hörst du mich ... ich bin's".

Zufällig wieder einmal

Das kleine Mädchen weinte immer noch, die alte Frau strickte unaufhörlich weiter und kaute die Essensreste vom Mittag, die sich in ihrem Gebiss festgesetzt hatten, kurz zuvor hatte sie diese mit gekonnter Zungenfertigkeit aus der Zahnlücke hervorgeholt. Manolis, der ewig Dicke, des Schreiens nimmermüde, pries zum x-ten Mal seine Wassermelonen, die, von einem Mückenschwarm umhüllt, in einem Holzkarren lagerten. Einige barfüßige Kinder stolperten die Straße auf und ab, vor sich ein Stück Stoffball oder was es auch immer sein sollte.

Das verliebte Paar aus der Vergangenheit kommt um die Ecke, er ein wenig zu klein für sie, schlank mit abgetragenen Jeans und einem weißen T-Shirt, und sie mit einem blauen Sommerkleid, das wie ein alter Mehlsack auf ihrem Körper ruht. Genau wie immer, fest umschlungen, lassen sie sich nicht einmal von Manolis Gebrüll stören. Das kleine Mädchen ist inzwischen aufgestanden und versucht, die Jungs zu überzeugen, dass sie auch Fußball spielen kann; die Alte schaut kauend und teilnahmslos immer noch auf ihr Strickzeug, Manolis brüllt weiter und das Pärchen entfernt sich mit kleinen Schritten der Zärtlichkeit zu.

Hier lebte ich einmal, viele, sehr viele Jahre. So kam es mir wenigstens vor. Hier hatte ich das Existieren gelernt, das „Nur der Starke hat was zu sagen", ich bin bei der Prüfung mit Bravour durchgefallen. Jetzt, nach Jahrzehnten, sehe ich sie wieder, und es sind immer noch die, die auch früher hier lebten.

Sicherlich werden sie immer hier leben, mit Stoffbällen spielen, alte Essensreste kauen und Melonen verkaufen. Hier strafen sich die Leute, indem sie sich gegenseitig ver- und enthexen. Sie lachen, damit man ihre Goldzähne sieht, und lehren die den kleinen Kindern das ordinäre Fluchen, damit sie, wenn sie es gelernt haben, bestraft werden können. Hier schwört man ewige Treue für vierundzwanzig Stunden und kocht mit Vorliebe Bohneneintopf mit Tomatensauce. Hier hört man manche von Politik reden, andere das Ausgesprochene aufschreiben. Hier schlägt man Frau und Kind für eine Pokerkarte und hier sind die Witwen für vogelfrei erklärt worden. Ich liebe diese Stadt genauso, wie ich sie hasse. Ich umarme jedes Mal aufs Neue das Land und das Meer und lasse mich verwöhnen, indem ich verlogen schmeichle.

Hier war einmal mein Zuhause. Sehr vieles habe ich hier erlebt, doch nur das wenigste ist haften geblieben. Das, was ich wohl nie vergessen werde, sind die Sprüche, die einer, man nannte ihn den „Verrückten", an die Häuserwände mit schwarzer Sprühfarbe schrieb : -- Hier ist die ewige Provinz. -- Das Verbrechen ist die Ewigkeit. -- Uns fehlt kein Heimatverlangen, uns fehlt die Achtung.

„Waren sie schon einmal hier?", fragte mich eine Stimme vom anderen Ende der Straße. Ich verneinte wortlos und ging weiter, bis mich die Stimme einholte. „Empfinden Sie es auch?" Die Stimme ließ nicht locker, als wollte sie aus mir all das erfragen, was ich seit Anbeginn der Welt in mich hineinfresse. „Ich bin hier fremd„ log ich, um wieder allein zu sein. Ich möchte niemandem etwas vormachen, doch jetzt verspüre ich zum ersten Mal die gesellschaftliche Verpflichtung, geächtet zu sein. Wer soll mich von all den Leuten hier auch verstehen? Sie kennen keine Ruhelosigkeit, ein immer wiederkehrendes Suchen nach dem Schönen - sagte ich "Schönen?" - nein, nach dem Vollkommenen. Nach dem, was ist, und nichts darüber. Es gibt nichts Schlimmeres, als einem seine Ideen abzusprechen, die Leute hier tun es mit Vorliebe. Mein Geburtshaus liegt etwas weiter oben, sie haben es wie Aasgeier zerstückelt, um ihre Machtgier zu demonstrieren. Dort wo die Zypressen sich treffen, habe ich immer gespielt, oft allein, meistens allein, immer allein, so wie ein Apfelbaum, der keine Früchte trägt. Die alte Welt wird auf einmal sichtbar. Die Jungs haben das kleine Mädchen brutal weggeschickt und spielen weiterhin allein mit ihren Stofffetzen, die Kleine weint wieder, und die alte Frau scheint zu Ende gekaut zu haben. Manolis sehe ich nicht mehr, seine Stimme durchdringt nur schwach die Gassen.

Ich gehe den Weg zurück mit dem Vorhaben, nie wieder hierher zu kommen. Ich weiß aber, dass ich es nicht einhalten kann. Irgendwo in meinem Unterbewusstsein hatte ich um Aufschub gebeten, und irgendwann, zufällig wieder einmal, werde ich diese Straßen sehen mit all ihren Menschen und all ihren Erinnerungen und immer wieder wird dieser Anblick beweisen, dass ich sie, wie ich sie auch kritisiere, um ihre Lebensfreude, die unantastbar ist, beneide.

Willkommen bei mir

1

Es ist nicht der Schnee
Der mich zum Verräter macht
Es sind auch nicht Deine Tränen.
Es sind nicht die Worte
Die mich töten
Auch nicht die Vorhaltungen
Es ist einfach so, dass ich mir
Verbraucht vorkomme
Und nur dazu noch lebe
Um Andere mit in den Abgrund zu ziehen.
Reich mir bitte Deine Hand
Und dann wirst Du erkennen
Dass ich nie müde war
Deine Schönheit zu preisen.
Es ist nicht der Schnee.

2

Sprich nicht von Liebe
Sprich nichts aus was es nicht geben kann
Wir sind alt genug
Um nicht von Rosengärten zu träumen.
Sprich nicht von Liebe
Es schmerzt, wenn Menschen darüber sprechen
Die einem irgendwie nahe stehen
Wenn Du gern bei mir bist
Dann sag es ohne Phrasen.
Sprich nicht von Liebe
Weil Sie es für mich nicht mehr gibt
Vielleicht früher Mal
Vielleicht
Doch ich habe sie verbraucht an Unwürdige.
Sprich nicht von Liebe
Und wenn doch
Dann zu einem anderen.

3

Wenn ich nachts
Durch die Straßen meiner Stadt gehe
Frage ich mich
Wie viele Frauen gerade jetzt
Auf ihre Männer warten.
Und wie viele dieser Frauen
Immer auf ihre Männer warten werden.
Ich freue mich
Dass Du nicht so bist wie all die Frauen
Die sich lediglich als
Zweite Garnitur verstehen.

4

"Immer wenn du mit mir geschlafen hast
Meinst Du, Du könntest mich regieren."
So waren einmal Deine Worte.
Versuch aber einmal in den Spiegel zu sehen
Und vielleicht erkennst Du
Wie viel Überwindung nötig ist
Um mit Dir ins Bett zu gehen.

5

Der Herbst ist wieder einmal da
Und es braucht viel Überwindung
Nicht den Entschluss zu fassen
Einfach abzuhauen.
Dort wo es nur noch Licht gibt.
Immer im Herbst
Erinnere ich mich an Dich
Die zu mir sagte:
"Es gibt die Notwendigkeit des Existierens"
Bis heute habe ich Dich nicht verstanden
Und ich gehe durch die Straßen
Wie ein Todeskandidat zur Guillotine.

6

Da bist Du nun wieder
Viel schöner und viel reizvoller als früher.
Wie lange es her ist?
Fünf Jahre?...
Nein, vier Jahre und acht Monate
Fast auf den Tag genau.
Man sieht Dir die Zeit nicht an
Du siehst nur mehr nach Frau aus.
Wie es mir geht ?
Gut, ja eigentlich geht es mir gut, so wie früher
Sagen wir mal, fast wie früher.

Alleinsein ist die härteste Strafe
Für so einen wie mich.
Ich erinnere mich an Deinen Satz:
"Weißt Du, dass wenn ich Dich sehe
Immer aufs neue geboren werde?"
Wie bitte, dem Hund?
Er ist schon seit über zwei Jahren tot.
Ich glaube er hat
Bis zu seinem letzten Tag auf Dich gewartet.
Hunde können warten.
Entschuldige, ich möchte Dich nicht aufhalten
Verzeih
Die dummen Sprüche
Und danke für die Vergangenheit
Tschüs macht's gut
Ja ich melde mich bestimmt mal.
Tschüs, danke, tschüs.

7

Versuch mich nicht zu halten
Denn sonst
Verlierst Du mich für immer.

8

Die Kristalle der Angst
Hast Du für eine Ewigkeit verbannt
Es gibt Menschen, die lesen Bücher
Andere sind Bücher
Andere wiederum sind so viel Buch
Dass sie nicht mehr lesen können
Irgendwann werde ich Dir das Buch reichen
In dem nur ein Wort steht.

9

Einsame Menschen
Sterben in einsamen Nächten
Den einsamen Tod.

10

Willkommen bei mir
Ob es Dir genehm ist oder nicht
Nun bin ich an der Reihe
Und glaub mir, ich kann hassen.
Durch die Gefilde der Unwissenheit
Entkommt kein Novize
Und eine künstliche Zuneigung
Bleibt immer künstlich.
Willkommen bei mir
Jetzt kann Dir nichts mehr helfen
Geschweige denn
Dass Du jetzt"
Deine Weiblichkeit offen trägst.
Die Zeit der Erklärungen ist vorbei
Und in der Rangordnung der Huren
Stehst Du an erster Stelle.
Willkommen bei mir.

Verbindlich

1

Ich will
Dass die Uhren schweigen
Gedanken an Fingern abzählen
Bäume werden, was sie waren.
Ich will
Antwort vernehmen
Die Bedeutung des Blickes erheben
Die Entfaltung der Poesie beschleunigen
Ich will
Aus Steinen Lebewesen machen
Schweigende Gedichte schreiben
Lieben
Ich will
Traurigkeit als Schlüssel sehen
Menschen anfassen
Vorhänge verbieten
Ich will Dich!

2

Jetzt kann ich getrost sterben
Ich habe
Meinen Traum gehabt

3

Vor Jahren begann ich mich zu stabilisieren
Dann lernte ich, dass Männer zwei Mal sterben.
Version zwei:
Originalität und Tiefsinnigkeit sind Worte
Die mich sehr beschäftigen.
Version drei:
Die ständigen Enttäuschungen sind nichts
Als die Bestätigung der Liebe
Version vier:
Opfer gibt es nicht!
Version fünf:
Dem Tod entgegentreten als Feder
Dem Sein trotzen durch Lachen
Dem Existieren seine Berechtigung aussprechen
So wie all die
Die gestorben sind
Moral:
Du bist mir doch sehr nah.

4

Geh ohne Scheu
Für Dich wird immer ein Platz frei bleiben
Denn es gibt nur die
Die meinen zu lieben.
Behalte Dein Wesen
Gib Dich nicht jedem
Die Wege sind menschliche Paläste.
Zerfetzte Farben
Zerlumpte Worte
Gib doch zu
Dass die Unschuld ein leises sterben ist.
Ewige Fragen
Unwissenheit
Die Sonne ist längst nicht mehr Dein Schleier

Und Opfer gibt es überall
Wo keine Gedichte leben.
Versuche zu vergessen
Und die Augen werden zu Augen.

5

Die Nächte sind verlorene Ängste
Und mein Schlaf der Wegweiser.
Wo bleibt die Sehnsucht
Die Kämpfereinstellung
Und vor allem wo sind
Die Lösungen, die ich hatte?
Wo ist die Schönheit geblieben
Das genießbare Leben ?
Die Nächte sind verlorene Ängste
Und mein Bett ist aus Asche
Hatte ich nicht auf den Glauben gesetzt
Auf die Menschen
Und vor allem
Wo war ich so viele Jahre?
Wo ist die Sattheit des Lebens
Die abstrakte Moral?
Die Nächte sind nur noch Nächte
Schlaf
Schlaf ein.

6

Gibt es das noch?
Und ich sage ja!
Du bist der beste Beweis.

7

Lass mich ein Wortspiel ausdenken
Lass mich das -Ich liebe Dich-
So sagen, dass Du
-Ich liebe Dich- verstehst.
Ein ständiges Finden und Abschiednehmen
So wie die großen Kälber von Fellini
Lass mich eine Welt erbauen
Für Dich und viele
Für Dich und wenige
Für Dich und nur für Dich.
Was würdest Du unter
Ewigkeit verstehen
Oder unter
ISBN - 3-423-05419-0
11-3-6/11-3-7/?/24-6-1/50-5-1/54-12-1/82-27-1
Lass mich ein Wortspiel ausdenken
Lass mich das -Ich liebe Dich-
So sagen, dass Du
-Ich brauche Dich- verstehst.

8

Wir können uns keinen Streit leisten
Vorübergehen
Nebensächlichkeiten hochspielen
Vergeltung hoch drei
Erinnere Dich an das
Was ich Dir schon immer sagen wollte
Du bist es
Und niemand anders!
Wiesenland ist schweigsam
Spannungen werden durch Unwissenheit
Erst zu Spannungen
Unzählige Zeugen führe ich Dir vor
Und Dich als Leumund
Verschiebe die Schatten
Verschiebe die Hinrichtung
Hörst Du, wie das Schweigen naht?

9

Obligatorisch
Und vor Angesicht aller
Bekenne ich mich zur Enthaltsamkeit
Von meinem Tode an
Werde ich mir das Atmen abgewöhnen.

10

Nun muss ich schweigen
Jetzt, wo ich den Weg nicht mehr finde
Sind die Opfer tatsächlich mit Blut beschmiert
Ich bürge für die Echtheit
Aus allem wächst Leben
Ich jedoch
Sitze auf der Warteliste
Und winsele um Begnadigung
Schön bist Du
Unendlich schön
Reicht Dir das nicht ?
Die oberen Stockwerke sind schon abgebrannt
Und die Liebenden glauben weiter
Dort zu sein, wo wir waren
Beinahe
Nun muss ich die Nächte verschweigen.

Vor dem Endspurt

1

Ein Mysterium nicht wahr
Überall Verwüstung und Feuer
Überall Mord und Einsamkeit

Und irgendwo zwischen Allem
Eine Blume
Als wollte sie die Gipfel besteigen

2

Heute hat man mich wieder verkannt
Mann nannte mich einen Realisten

3

Im Tode so wie andere im Leben
Was hindert mich daran zu sterben.
Zwischenbilanzen sind Stelzen der Unterwelt
Und Untreusein
Wird mit Sonnenfinsternis bestraft.
Gedulde Dich
Befreie Dich von der Müdigkeit
Bekenne Dich zum Wahnsinn
Werde wie ich.

Sei wie eine Feuerrose auf Deinem Leib
Unentschlossen
Wie ein Glücksbringer

Du gehörst zu den Auserwählten
Die einmal gelebt haben.

4

Aus einer Sekunde
Zwischen Geburt und Anarchie
Hast Du
Deine Ewigkeit geflochten

5

Ich möchte Dir so gerne schreiben
Von der Zeit der Hoffnung
Von der Liebespoesie

Die Einsamkeit möchte ich Dir beschreiben
Und wie man sie verbannen kann.
Von den Marktfrauen möchte ich Dir erzählen
Und ob es Dir aufgefallen ist,
Dass Käseverkäuferinnen
Immer dasselbe Gesicht haben.

Dann wollte ich Dir von einer Reise erzählen
Irgendeiner
Vielleicht die nach Athen oder New York.

Von unschuldigen Opfern möchte ich schreiben
Und von Gräbern voller Lügen.

Mit den schwarzen Vögeln
Schicke ich Dir die Sinnlosigkeit.

6

Wir aber
Und Du weißt es
Einfache Menschen, arme Menschen.
Bei uns ist die Sonne der Wegweiser
Unsere Atmung eine Danksagung
Unser Land ist karg
Unsere Herzen reich
Trotzdem haben sie uns angegriffen
Und ich nahm Dich hier fort
Um der Menschheit die Liebe zu erhalten.

7

Auf Dir wurde ich geboren
Auf Dir werde ich sterben
Welt
Was hat das eigentlich für einen Sinn?

8

Bald werden wir nach Ausreden suchen
Um die Fragen zu befriedigen.
Wir werden über das Gute
Und über die Liebe nachdenken müssen.
Warum es so kommen musste
Und wo wir damals waren als......

Wir werden die Schlechten schlecht machen
Und uns Gute gut
Und uns im Kreise drehen
Um unerkannt zu bleiben.

9
Was mich beschäftigt ist nicht
Ob ich lebe
Sondern, wie ich lebe.
Ich wiederhole:
Ich fürchte nicht den Tod
Er ist eher mein Wegweiser.
Was mich beschäftigt, ist ob das hier
Diese Erde
Unsere Erde ist.

Wie kann ich mir klarmachen
Dass die Blumen auf der Wiese
Blumen sind und keine Bomben.

Und ich zähle die, die sich bewegen
Um die Toten zu errechnen.

10
Vorübergehen
Schreien
Dichten ohne Unterlass

Stillstehen
Schweigen
Die Sterbebahre aussuchen.

Mythopoetisch

1
Drei Jahre sind seither vergangen und jede
Sekunde
Hatte Sinn für das Erhabene.
Du hast den höchsten Grad
Der Vollkommenheit erreicht
Neben mir.

2
Du sprachst mir
Empirische Weisheit zu
Und sagtest
Dass ich einen Weg gehe
Den Du zutiefst verachtest

3
Heimweh nach der Vergangenheit ?
Niemals !

4
Eine Ideologie ist eine Krise
Und heute bin ich mittendrin.

5
Von Tag zu Tag
Verwandle ich mich
Und mit einer Hoffnung mehr oder weniger,
Schließe ich den Teufelspakt
Auf der Schattenseite der Gleichgültigkeit.
Mit der Bourgeoisie

6
Das Andere wollte ich entdecken
Und fand Dich
Mit einem Appell an die Tradition
Um den Hals.

7
Es ist bestimmt kein Zufall
Wenn ich nachts davon träume
Wie ich Dich am besten umbringen kann.
Die leisen Klänge der Kanonen
Werden durch Deinen Gesang übertönt
Und in einem Augenblick trüber Trunkenheit
Habe ich Dich gebeten
Den Rassismus zu meiden.
Ich fand Gelegenheit
Dich all das zu fragen
Doch Du
Hast mich mit denen verglichen
Die ich verachte.

8
Du verstehst meinen Humor nicht!
Und dann las ich mal etwas von Pasolini:
" Heroen haben niemals Sinn für Humor"
Bewahre Distanz
Und befreie Dich von mir.

9
Ich werde mich
Der Realität unterwerfen
Um die Vorurteile zu demaskieren
Die Du noch
Heute vor drei Jahren hattest.

10
Du hast noch nicht
Meine Umwandlung miterlebt
Nie die gesichtslosen Züge gesehen.
Du hast nie Liebeserklärungen
Mit Kriegslisten verglichen

Und nie soviel Angst besessen
Wenn im Kino die Lichter ausgehen.

Die Vorgänge
Sind abstrakte Fiktionen
Eine Art Subjekt aus Fleisch und Blut.
So ist es und nicht anders
Moral und Tabu
Jeweils Zerstörungsideologien.

11
Wir leben
Auf dem Gedankenstrich
Mit Vorbildern
Die niemals existiert haben.
Wir gehen ins Kino
Um die Poesie der Sprache laufen zu sehen
Und vergessen dabei
Dass jeder seine eigene Geschichte hat
Wir blicken zurück
Ein Fehler der uns oft passiert
In der Hoffnung derer
Die an die Wiedergeburt glauben.
Manche werden ausgenutzt
Viele verkannt
Die meisten haben jedoch die Lehren
Der Propagandisten richtig verstanden
In dem sie die verteilten Handzettel
Für die Toilette benutzen.

Eine einzige Träne.

Prolog:
Komm her ins Kerzenlicht. Ich bin nicht bang,
die Toten anzuschauen. Wenn sie kommen,
so haben sie ein Recht, in unserem Blick
sich aufzuhalten, wie die anderen Dinge.
Komm her, wir wollen eine Weile still sein.
Sieh diese Rosen an meinem Schreibtisch,
ist nicht das Licht um sie genau so zaghaft
wie über dir: sie dürfte auch nicht hier sein.

Rainer Maria Rilke 1908

Tag 12: 17.00 Uhr
Hört mich jemand? Aus dem Reich der Toten
versuche ich das, was tief in meinem Herzen ist,
jemanden näher zu bringen. Niemand wünscht hier
einem einen guten Tag und die Sonne ist nicht zu
sehen, keiner gibt einem die Hand. Ich klammere
mich an Gedanken, um die Schatten um mich besser
ertragen zu können. Das ist das Einzige was bleibt.
Das ist das Einzige was einem gelassen wird, die
Erinnerung, und ich intensiviere meine Gedanken in
der Hoffnung, dass irgendjemand an mich,
wenigstens an meinem heutigen Todestag, denkt.
Ein Mann ist tot, jemand, den ich gut kannte.
Vielleicht bin ich der Einzige, der ihn kannte. Er ist
tot und hat sich zu einem fernen Reich begeben. Die
Bäume sind nur noch Moos und die Erinnerungen
verblassen wie die Nebelschleier. Wird jemand
jemals um ihn weinen? Mit Buntstiften bemale ich die
Totenlade um ihm meine Hochachtung
auszudrücken Die Angst hämmert auf die Seele und
ich versuche, diese zu verbergen, indem ich
weiterhin Rosen züchte.

Tag 12: 18.00 Uhr
Ein Mann ist tot, und niemand kann urteilen und
niemand kann das Unvollendete seines Daseins mit
Lebenssaft begießen.
Jetzt bis Du tot mein Freund, zum ersten Mal bist Du
besiegt, und es gibt keine Wünsche und Hoffnungen
mehr für Dich. Du wolltest den Winter einfangen, die
Bäume krönen. Du bist nun besiegt, und es bleiben
dir lediglich die kristallenen Träume. Diese Träume,
denen Du immer nachgegangen bist. Jetzt bist Du
tot, weil Du, wie eine Eintagsfliege in ihrem kurzen
Leben, alles intensiv erleben wolltest. Die Schatten
der Zukunft sind erloschen, und ich würde so vieles
geben, um dich nur noch einmal durch Tränen
hindurch sehen zu können.

Tag 12: 19.00 Uhr
Als ich das erste Mal zur See fuhr, wünschte man
mir alles Gute. Ich würde als Held zurückkommen,
sagte mancher alte Mann. „Du bist bald ein
siegreicher Eroberer" sagten andere. "Viel Glück,
Sohn", rief die Mutter nach und „Bitte schreib uns,
sobald du eine Gelegenheit hast." Andere gaben
nüchtern einen Schulterschlag, und die ganze
Vorfreude, die sich Jahre in mir aufgestaut hatte,
wurde immer bröckelnder und die Zeit des
Abschieds wurde immer schrecklicher. Nachdem das
Schiff eine Stunde den Hafen verlassen hatte und
nur noch am äußersten Horizont Schatten zu
erkennen waren, da dachte ich an all die Menschen,
die sich so angestrengt haben, mir eine gute Reise
und die besten Wünsche mit auf dem Weg zu geben.
Immer wenn ich daran dachte, übermannte mich
eine Sehnsucht, überwältigte mich die Nostalgie, und
ich begriff, dass es in der Heimat Menschen gab, die
mich lieben. Jedes Mal bei diesen Gedanken
verlängerte ich mein Wegbleiben.

Tag 12: 20.00 Uhr
Als Kleinkind bestürmte man mich an den
Geburtstagen mit Lächeln und Glückswünschen. Im
Zeitraffer sehe ich Bilder wie damals in der
Grundschule, als ich den besten Aufsatz
geschrieben habe und jemand anders dafür die
Huldigung bekam. Zwei Tage vor meiner Verlobung
fand ich meine große Liebe in den Armen eines
anderen. Der Superjob, den man mir in Aussicht
stellte, entpuppte sich als eine Illusion. An meinen
Geburtstagen war ich immer vergnügt und war
ständig am Lachen. Bei der Vergabe der
Aufsatznoten entsetzt. Als ich meine Liebe verlor,
musste ich drei Tage mit Medikamenten still gelegt
werden. Bei der vermeintlichen Superstelle war ich
sehr enttäuscht. Heute, in diesem Reich der
Betrübnis, lache ich darüber. Über den Aufsatz, die
Liebe und den Job, weine jedoch an jedem
Geburtstag.

Tote haben eine neue Gattung von Neugier
erschaffen. Kann man Gefühle erklären? Glaubt
man, wenn man tot ist, an Gott? Wenn Gott Mensch
sein bedeutet, heißt es auch, dass wenn ein Mensch
stirbt, Gott auch stirbt.
Solange Gott ein wenig noch am Leben ist, solange
darf das Wort Traum ausgesprochen werden. Die
Morgenröte triumphiert, ein Kälteschauer durchdringt
das Herz, und der letzte Stern weicht dem Tag und
das Atmen beginnt. Ein neuer Zauber baut sich auf
und die Welt macht sich bemerkbar. Ein letztes
Gähnen, ein letztes Strecken aller Gliedmaßen und
das Aufstehen wird zum Quantensprung. Tag für
Tag, Jahr für Jahr, doch jetzt ist dieser Rhythmus
nicht mehr da und niemand kann seine Zunge
finden.

Tag 12: 21.00 Uhr
Können Tote mit Kritik umgehen? Kann man ihnen
sagen, dass sie in einer unrealen Traumwelt gelebt
haben? Seifenblasen werden real empfunden. Bauer
werden nicht zu Königen, wenn sie auch
Prinzessinnen zur Frau nehmen. Man belügt seine
Umwelt, wenn auch dreckige Fingernägel zum
Vorschein kommen. Lügen, fremde Lügen sollen
hilfreich sein.
Man sah Dich als einen verlorenen Sohn. Die
Geschichte aus dem Alten Testament ist hinlänglich
bekannt. In Leben durchwanderte ich Ähnliches, und
statt zurück zu kommen aus dieser Zauberwelt,
übermannte mich der Egoismus und alles, was in
den Augen der Kirche Sünde ist, machte mir Spaß.
Man sah mich damals als den verlorenen Sohn und
jetzt bin ich es tatsächlich geworden.

Tag 12: 22.00 Uhr
Lass mich mein Glas erheben und auf das Wohl aller
trinken, die jemals gelebt haben. Komm, schenk mir
noch mal ein, weil ich, wenn auch nur in der
Phantasie, mit Dir reden kann. Ein Toter findet sich
sehr schnell mit seinem Schicksal ab. Standhaft
betrachte ich den endlosen Himmel. Ein Leben ist
ausgeatmet. Dein Leben, Freund. Warum müssen
Männer, die noch gebraucht werden, sterben? Sie
sollten leben, bis sie ihr Ziel erreicht haben, doch in
der realen Welt ist es so, dass man nach dem Start
schon gejagt wird. Ein gigantischer Berg erhebt sich
vor mir. So gigantisch warst Du auch, mein Freund.
Warum sterben Männer? Berge dürfen nicht sterben.

Ich will nicht um Dich trauern, weil niemand die
Bitterkeit lindern kann. Niemals wird das Vergessen
ein Trost sein, und ein fremder Schmerz bleibt immer
fremd.
Vielleicht hattest Du Recht, als Du mir sagtest, dass
das Vergessen wie die Geburt und der Tod zu

unserem Leben gehören. Kannst Du Dich an Thomas noch erinnern, er erzählte von den Freischärlern, die eine junge Frau zuerst vergewaltigten und vor den Augen der Mutter töteten. Man hat ihr dann den Kopf abgetrennt und damit Fußball gespielt. Während der Kopf von einem zum anderen gekickt wurde, humpelte die leidgeprüfte Mutter hinterher um das Haupt ihres Kindes aufzuheben. Thomas hat diese Geschichte tausend Mal erzählt und tausend Mal hat er dabei bitterlich geweint. Ein fremder Schmerz bleibt nicht unbedingt immer fremd.

Tag 12: 23.00 Uhr

Rache. Dieses Wort strömt in den Herzen und das Blut wird zur Lanze und Sirene. Dieses Wort regiert die Gedanken und unsere Taten werden damit gelenkt. Die Messer der Vergeltung sind gewetzt und die Kugeln des Ekels in ihrem Lauf. Die Melodie vom Hass wird auf Totenschädeln interpretiert. Skelette jagen Gedanken. Die Morgenröte bricht herein wie ein trockenes Stück Holz und versucht die Schönheit des kommenden Tages zu verkünden.

Die Stunde der Vergeltung naht und schwarze Wolken bedecken den blutigen Himmel. Gedärme strömen auf den Straßen, die Tat wird gleich vollbracht sein und die Fankurven applaudiert dem Hades. Ich durchlebe immer wieder die letzten Tage und die Erinnerungen sind so lebendig wie die Tatsache, dass ich tot bin. Reden erleichtert die Beklemmung des Herzens. Damals schrieb ich ihr einen Brief: Ein Mann ist jung, solange eine Frau imstande ist, ihn glücklich oder unglücklich zu machen. Er kommt in die besten Jahre, wenn eine Frau ihn zwar glücklich, aber nicht mehr unglücklich machen kann. Kann keine Frau ihn mehr glücklich oder unglücklich machen, ist er verbraucht.

Irgendein kluger Mann sagte mal dieses, und ich muss noch sehr jung sein, weil ich sehr unglücklich bin. Vernunft und Egoismus kämpfen in mir. Der Egoismus sagt: Halt rücksichtslos an der Idee fest und kämpfe ohne Besonnenheit. Die Vernunft sagt mir: Nimm, was man dir gibt und verzichte auf unnötigen Ärger. Dann kommt die Liebe und meint: Tue nur das, was die, die du liebst, von dir erwartet. Aber gerade das ist doch das, was ich nicht will. Ich will sie nicht kampflos aufgeben.

Es gibt keine unüberwindbaren Hindernisse. Jedes Mal, wenn ich sie in den letzten Tagen sah, bereitete ich ihr Ärger. Meine Eigenliebe treibt mich in den Glauben, dass sie ohne mich nichts wäre. Dieser Glaube bestärkt die Gedanken und die Liebe, oder sind es nur Machtgelüste, die mich in die Ohnmacht treiben.

Tag 1: 19.00 Uhr

„Sie ist heute krank" sagte ihre Kollegin. So gerne würde ich sie besuchen, doch der Streit, den wir einige Tage vorher hatten, ließ mich mutlos diese Idee wieder verwerfen.

Ich hielt es Zuhause nicht mehr länger aus und fuhr zu ihr und sein Auto parkte, genau wie am Nachmittag, vor dem Haus. Ich hielt nicht an und fuhr vorbei. Allein der Gedanke, dass er bei ihr ist, solange er will, macht mich wahnsinnig. Mir bleiben immer nur wenige Minuten. Als ich das dritte Mal vorbeifahre, steht plötzlich ihr Auto auch da. Vielleicht geht es ihr besser und sie ist aufgestanden, denke ich. Ihr Zimmer ist jedoch nicht beleuchtet. Ich fuhr weg und stellte das Auto am Bahnhof ab. Zu Fuß ging ich wieder zu ihr. Alle Fenster des Hauses sind nun erleuchtet, ihres ist immer noch dunkel. Sein Auto steht wieder oder immer noch da, und da ich nicht allein sein möchte, gehe ich zu einem Freund auf ein Bier. Ich zwinge mich, direkt ohne Umwege nach Hause zu fahren. Die Ungewissheit treibt mich zum Wahnsinn. Je länger ich nachdenke, desto weniger glaube ich

ihren Worten. Ihr Handeln ist niemals auf einen
Nenner mit ihren Worten am Telefon zu bringen.
Wenn es wirklich stimmt, dass sie mich liebt, dann
könnte sie mir wenigstens ein Zeichen geben.
„Du hättest mir vertrauen sollen.„
„Was bedeutet Vertrauen?„
„Dem anderen glauben.„
„Ich habe dir bis an die Grenze zum Delirium
vertraut.„
„Dann war es kein aufrichtiges Vertrauen.„
Ich hielt es nicht mehr aus, sie nicht zu sehen, nicht
mit ihr zu sprechen. Wollte sie auch nicht nötigen.
Ihre ständigen Liebesbekenntnisse spielten töricht
mit meinen Gefühlen.

Tag 2: 18.45 Uhr
Ich stehe vor ihrer Haustür. Bereits vor acht heute
Morgen war ich am Bahnhof und beobachtete ihn,
wie er sein Auto parkte. Ich konnte sie nicht finden
und dachte, dass sie immer noch krank wäre.
Viermal bin ich an dem Haus vorbeigefahren. Die
Jalousien sind dauernd geschossen. Manchmal
glaube ich zu verstehen, was sie mir sagen möchte.
Ich solle sie in Ruhe lassen, sie wäre in einer festen
Beziehung, und es würde uns beiden nur weh tun
und so weiter und so weiter. Warum kam sie jedoch
letzten Sonntag zu mir. Der Vorwand war doch an
den Haaren herbei gezogen. Klar machte es mich
glücklich und ich genoss jeden auch noch so
flüchtigen Kuss. Einmal lässt sie mich als den
absoluten Verlierer aussehen und dann ernennt sie
mich zu ihren Fürsten.
„Warum hast Du mir nicht geholfen?„
„Du hast mir doch keine Chance gegeben.„
„Du meinst also ich wäre grundlos gekommen?" Hast
Du nicht bemerkt wie ich nur nach einem einzigen
Wort hofiert habe?

Tag 3: 19.45 Uhr
Wieder bin ich fast ein halbes Dutzend Mal ums
Haus gefahren. Sie will mich bestimmt nicht sehen,
rede ich mir ein. Alle Anzeichen deuten darauf hin,
dass mir nur der stumme Rückzug übrig bleibt.
Dieser Dämmerzustand, diese Unsicherheit lässt
mich nicht ruhen. Gerade hat sich ein Gesicht an
einem Fenster gezeigt, nein, es war nicht ihres. Ich
habe mir nun vorgenommen, bis neun Uhr zu warten
und dann zu klingeln. Ringe mir diese Entscheidung
ab. Was kann schlimm sein, eine Freundin zu
besuchen.
Die Fenster blieben geschlossen. Die selbstgesetzte
Frist ist schon fast abgelaufen. Es ist viertel vor
neun. Ich hatte damit gerechnet, dass sie
wenigstens einen Spaziergang macht, doch vielleicht
geht es ihr heute schlechter?
Es ist neun!

Tag 4: 22.30 Uhr
In der letzten Nacht konnte ich einigermaßen gut
schlafen. Gestern habe ich um Punkt neun Uhr
geläutet und die Oma öffnete mir. „Sie ist ziemlich
schwach und ist zu Bett", sagte sie. Ich antwortete,
dass ich nicht stören wollte und würde dann wieder
gehen, bis aus dem ersten Stock ihre Stimme
durchdrang. Sie sei auf und ich sollte doch
heraufkommen. Mit unsäglich schweren Beinen stieg
ich die Treppe empor und die Zerrissenheit erreichte
den Höhepunkt. Sie hatte einen knallroten
Trainingsanzug an und ich versuchte in ihrem
Gesicht Freude oder Ärger über mein Kommen zu
finden.
„Ich habe so sehnsuchtsvoll auf Dich gewartet."
„Warst Du mir böse? "
„Hätte ich dich da umarmt?"
„Ich konnte an nichts denken."
„Warum hast du nichts gesagt?"

„Weil ich nur Zweifel hatte. Angst, du würdest mich fortschicken."
„Dich?"
„Ja, ich hatte Angst."

Anfangs war er mehr zufällig mein Gegenspieler. Später wusste ich nicht ob ich ihn hassen oder bemitleiden soll. Seine Art zu kämpfen stößt mich ab. Seine Tränen genauso wie die Erpressungsversuche. Will nicht über ihn urteilen, weil ich nur das von ihm weiß, was sie mir erzählt hat. Auch ich würde manchmal lieber selber weinen als andere zu trösten. Sind es nicht die Tränen, die an Zentren erinnern, die nichts mehr mit Liebe gemeinsam haben?
Mitleid wäre das letzte, was ich brauchte, auch wenn sich die unterdrückten Tränen in Salzsäure verwandeln. Ich muss versuchen, zu ihr zu stehen. Ich möchte nicht, dass sie Schmerzen empfindet. Außerdem könnten mich ihre Tränen dazu bringen, noch bei ihr zu bleiben, denn die Liebe ist der einzige Grund, dass ich bei ihr bin, Sie könnte mich jedoch auch dazu bringen, sie zu verlassen, um ihr vieles zu ersparen.
„War nicht deine Art auch eine Form von Erpressung?"
„Könnte sein"
„Ich habe sehr um dich geweint. Erst später ist mir klar geworden, wie sehr du mich geliebt hast. Ich bin an deinem Tode schuldig. Ich hatte die Wahl und habe die falsche Entscheidung getroffen."

Tag 4: 23.55 Uhr
Bald, noch fünf Minuten und dann bricht der hundertste Tag an, an dem wir uns das erste Mal küssten. Hundert Tage, manche nur Sekunden lang, andere so lang, das man meinte, die Zeit bliebe stehen. Ich will ihr Blumen schicken, doch der Laden am Bahnhof hat geschlossen. Dann versuche ich es

am Krankenhaus, bis ich ein Blumengeschäft in der Stadt finde. Ich kaufe drei rote Rosen und hoffe, das sie es ist nicht kitschig findet.

Nach nur unglücklichen Versuchen habe ich mir vorgenommen, nur noch unverbindliche Freundschaften zu halten. Doch dann lernte ich Sie kennen und ein tiefes Gefühl, tiefer als jemals zuvor gespürt, erwachte in mir. Bei ihr durchlebte ich alle Gefühlstationen: Von unverfänglichem Flirt, der nur meiner Eitelkeit schmeichelte, bis hin zur leidenschaftlichen, verzweifelten Liebe.
„Und was zwang dich zur Selbstaufgabe?"
„Die Leere."
„Wie meinst du das?"
Ich fragte Sie, wie es ihr ginge, und sie sagte, sie hätte jetzt endgültig mit ihm Schluss gemacht.
Die Art, wie Sie sprach machte mich jedoch neugierig. Wir waren sehr ernst, obwohl man jetzt annehmen könnte, dass der Weg für unsere Liebe frei wäre.

Tag 5: 21.15 Uhr
Ich erlebe schlimme Alpträume, in denen ich ständig auf der Stelle trete oder mich im Kreis bewege und dabei dem Abgrund immer näher komme. Sie treibt Spiele und ich muss an ihren Gefühlen zweifeln. Ich verstehe sie nicht mehr, ich verstehe überhaupt nichts mehr. Sie kommt mir so fremd und so kalt vor. Ich flehe sie an, sich von mir helfen zu lassen, in die eine oder andere Richtung und sie sagt, sie wolle am liebsten uns beide nicht mehr sehen. Diesen körperlichen Schmerz, den ich da verspürt habe, kann man nicht beschreiben. Ich halte Abstand und laufe zum ersten Mal Gefahr, nicht Herr über meine Tränen zu bleiben, weil ich weiß dass sie mich nur meint. Ich bin damit beschäftigt, meine Tränen zu unterdrücken, und sie ist es, die mich streichelt und flehend meinen Namen ruft.

Ich weiß nicht, was ich machen soll. Zu oft hat sie mich gebeten zu bleiben und ebenso oft gezwungen zu gehen. Ich nötige ihr eine Entscheidung ab. Sie kann nicht, sagt sie. Ich fragte sie, ob ich gehen soll. Sie brauchte lange bis sie den Kopf nein sagend schüttelt. Sie sagt, sie würde ewig zwischen uns schwanken. Ich könnte jetzt sagen, gut, denke noch einmal darüber nach, doch ich weiß, dass dies nur ein Aufschub wäre. Sie hat sich schon entschieden und will es sich nur nicht eingestehen.
„Nein, nein, das ist nicht wahr!"
„Doch, sei ehrlich zu Dir. Quäle mich bitte nicht. Tote empfinden intensiver als Lebende.

Sie muss nur noch ein letztes Mal allein entscheiden, danach werde ich ihr helfen. Ich frage sie, ob es ihr recht wäre, wenn ich mit ihm reden würde. Sie weiß, dass ich es vollkommen ernst meine und winkt ab. Sie weiß dass ich zu meinem Wort stehen werde, auch wenn ich selber daran zu Grunde gehen würde. Sie weiß und sie erwartet es trotzdem. Ich fragte sie erneut, ob ich mit ihm reden soll, ich halte sie noch am Arm und schaue sie fest an. Ihr leichtes Zittern interpretierte ich als ein –ja-.
Doch dieses eine Mal kann ich ihr nicht die Antwort ersparen, und ich weiß, dass ich es durchhalten werde und sie sagt es.

Urplötzlich spüre ich nichts mehr und bin vollkommen gefasst. Es ist, wie wenn man sich eine schlimme Verletzung zufügt, deren Tragweite erkennt, deren Schmerz aber viel später einsetzt. Ich ziehe mich abrupt von ihr zurück, sie will mich noch einmal halten und sagt, dass es ihr leid tut mir weh zu tun, ich jedoch weiß, dass dieses Spiel zu Ende ist.
„ Ich habe dich geliebt"
„ Ist Liebe ein anderes Wort für Gewohnheit?"
„ Du redest wie ein Lebender"

„ Verzeih, siehst du, du verunsicherst mich immer noch."

Tag 6: 14.20 Uhr
Wir verabredeten uns für dreizehn Uhr am Kinoparkplatz. Als ich ankam konnte ich ihn zunächst nicht erkennen, erst als ich aufgeben wollte, bemerkte ich ihn weiter hinten und ging auf ihn zu. Wir sind beide unsicher. Gewiss kann er sich nicht vorstellen, was ich von ihm will, und glaubt, ich würde ihn bitten, ihre Entscheidung gegenüber ihm zu akzeptieren. Ich sagte ihm, dass ich verstehen könnte, wenn er mich hasst, ich ihn jedoch nicht verachte. Er will etwas erwidern, doch ich unterbreche ihn. Ich frage ihn, ob er aufrichtig sprechen könnte und Stolz, Eitelkeit und Selbstmitleid vergessen könne. Er zögerte, um etwas später – ja – zu sagen. Ich fragte ihn, ob er sie liebt. Er bejahte. Ich fragte ihn, ob er vergessen könne, was passiert ist. Er erwidert, er hätte schon vergessen. Ich schneide ihm das Wort ab und sage, er soll lassen, was gewesen ist. Er solle zu ihr gehen, sagen, dass er sie mag und die Vergangenheit vergessen.
Ich glaube, jetzt spürt er, dass ich nicht mehr gegen ihn kämpfe und fragt mich, ob ich sie auch liebe. Wie lächerlich mir diese Frage vorkommt, auch wenn ich sie erwartet habe und wie viel ungewollte Ironie steckt in dem Wort –auch-. Ich sage ihm, dass wir die Vergangenheit vergessen müssen. Ich würde sie nicht mehr treffen. Ich will gehen und er sagt, dass er mich nicht hassen würde, er hätte oft versucht eine Freundschaft aufzubauen, doch es hätte nicht geklappt. Vielleicht später mal.....Ich sagte, er solle sich darüber keine Sorgen machen und ich weiß, dass wir nie Freunde werden können. Und dieses Gespräch wird er mir später nie mehr verzeihen können.

Ich halte es nicht aus und will es auch nicht mehr aushalten. Warum muss ich immer gegen andere und gleichzeitig gegen mich kämpfen. Es geht über meine Kräfte, auf die ich mir immer so viel eingebildet habe. Es ist viel einfacher ein schlechter Gewinner, als ein guter Verlierer zu sein. Ich wollte so gern verstehen, was in ihr vorgeht, warum sie so handelt oder glaubt, so handeln zu müssen. Enttäuschung, Sehnsucht, Liebe Selbstaufgabe ist die schlimmste Mischung von Giften, die man sich vorstellen kann. Und ich habe außer diesen Giften keinen Trost mehr. Der Tod könnte nicht endgültiger sein.

Es sind zwei Tage vergangen, an denen ich nicht an ihrem Haus vorbeigefahren bin. Ich muss mich jedoch mit kleinen, sinnlosen Dingen beschäftigen, um keinen Unsinn zu tun.

Tag 9: 23.05 Uhr
Fahre wieder an ihrem Haus vorbei, nur um in ihrer Nähe zu sein. Ich weiß, dass ich es nicht tun sollte, ich sollte mich fern halten, aber ich habe keine Kraft und weiß nicht, wie lange es noch gut gehen kann. Wie lange ich es noch durchhalten kann. Dieses Gefühl ist mir nicht unbekannt. Kann mich noch sehr gut daran erinnern, als ich einen Waldlauf machte. Die anderen waren halbe Profis, und nach nur wenigen Kilometern merkte ich, dass ich nicht mithalten konnte, wollte jedoch die anderen nicht aufhalten und lief weiter. Sobald ich etwas langsamer lief um mich allmählich abzusetzen, verlangsamten auch sie ihre Schritte, so dass ich wieder beschleunigte, um sie nicht zu behindern. So kämpfte ich noch etliche Meter, bis ich am ganzen Körper Schmerzen verspürte. Ich wünsche mir nichts sehnlicher herbei als den Augenblick, wenn ich mich durchringen würde aufzugeben und alle Schmerzen vorbei wären.

Ähnliches wird auch einer empfinden, der auf hoher See um sein Leben schwimmt. Er schwimmt, bis alle seine Kräfte verbraucht sind, obwohl kein Land in Sicht ist und obwohl er weiß, dass auch dann, wenn jetzt noch Land am Horizont auftaucht, es bereits zu spät wäre, schwimmt er und wünscht sich nur, dass er die Kraft findet aufzuhören sich selbst zu quälen und den kurzen Augenblick des Schmerzes und der Erlösung hinter sich zu bringen.
Konzentration für einen Atemzug, und in der nächsten Sekunde das Finale.

„Irgendwo muss es doch einen Planeten für Liebende geben. Drei Tage, nachdem du nicht mehr lebtest, hat er mich verlassen. – Das ist meine Rache- sagte er und so solle ich ewig an ihn denken."
„Ich bin müde, verzeih, wenn ich mich zurückziehen muss. Tote haben keine Ausdauer."
„Leb wohl Geliebter, bis bald. Wir werden uns bald wieder sehen und trotz aller meiner Lügen breite bitte deine Arme aus, um mich in deinem jetzigen Reich auffangen zu können.

Es sind stets die gleichen Gedanken, die in meinem Kopf umherschwirren. Sie ist mir nie so schön erschienen wie jetzt, jetzt, wo ich sie nicht mehr sehen kann. Aus Liebe zu ihr habe ich versprochen, nicht mehr zwischen sie zu treten. Ich begehre sie so sehr. Ich begehre ihre Nähe, ihre Küsse, ich begehre das Gefühl, sie zu berühren.
Niemand braucht in einer Pfütze zu ertrinken, ich dagegen ertrinke in einer einzigen Träne.

Man kann auf Wolken schwimmen

1. Jahr

Braunschweig, den 06. April
Lieber John.
Du bist sehr lieb. Vielen Dank für Deine
Kurzgeschichten die du mir anvertraut hast.
Besonders gut gefällt mir das Stück: Wenn ich
könnte. Ich denke mir, dass das die Erwartung vieler
widerspiegelt. Aber was meinst Du mit „Nicht aus
Erbarmen schreiben„ Ich wusste nicht, das man mit
Menschen schwarzer Hautfarbe Mitleid haben
müsste, oder findest Du, dass Du Mitgefühl brauchst.
Also Du kannst schon mal ganz sicher sein, dass ich
nicht aus Mitleid schreibe, sondern weil mir deine Art
zu schreiben und deine Ansichten gefallen.
Damit Du Dir erstmal ein Bild von mir machen
kannst, werde ich Dir jetzt versuchen eine
Beschreibung von mir zu geben. Ich werde am 18.
April Achtzehn Jahre alt, habe braune Augen und
ziemlich lange dunkle Haare. Ich lache gerne und
gehe tanzen oder ins Theater. Ich lese gerne Böll,
Lenz und Brecht, mag Schriftsteller, die Bücher
schreiben, die ein Problem behandeln, das ich
nachempfinden kann. Überhaupt versuche ich
immer, mich mit verschiedenen Menschen über
verschiedene Probleme zu unterhalten. Sehr oft
beschäftige ich mich mit der Frage ob es einen Gott
gibt. Überhaupt der ganze Begriff Religion macht mir
zu schaffen.
Ich bin im März aus der Schule gekommen und
möchte Erzieherin werden. Ab August fängt meine
Ausbildung an. In der Zwischenzeit arbeite ich bei
der Post, das macht mir zwar keinen großen Spaß,
aber ich verdiene mir erstmals ein bisschen Geld,
denn das habe ich sehr nötig.
Soviel für heute lieber John, ich mache jetzt Schluss
und hoffe, dass du bald schreibst. Ich habe zwar nie
gedacht eine Brieffreundschaft anzufangen, wie viele

meiner Schulfreundinnen, doch du schreibst so nett. Entschuldige bitte die Schrift. Ich liege im Bett, weil es mir heute ziemlich schlecht geht. Es grüßt Dich Sylvia

Braunschweig, den 14. April
Lieber John.
Tausend mal bedanke ich mich für Deinen lieben Brief. Ich wünsche Dir gleichfalls gute Besserung. Hoffentlich geht es Dir etwas besser, wenn Du diesen Brief bekommst und Du hast kein Fieber mehr. Ich würde mich sehr freuen, wenn Du mir das Buch, das Du in Deinem Brief beschreibst, schicken würdest. Den Namen Kazantzakis habe ich ehrlich gesagt noch nie gehört. Es fasziniert mich, dass Du so gut deutsch kannst. Das Goethe Institut scheint gut zu sein. Seit ich bei der Post arbeite, bekomme ich meine Briefe gleich am Morgen. Das ist sehr gut, dann lese ich sie immer um acht Uhr in der Frühstückspause. Besonders schön ist es, wenn ich von Dir einen Brief bekomme.
Meine Schwester ist zurzeit nicht zuhause, die Glückliche hat Ferien und ist nach Hannover zu unserer Tante gefahren. Wir sind zu zweit und leben bei unserer Mutter. Mein Vater hat uns sehr früh verlassen. Als Kind dachte ich, er wäre gestorben. Tatsache ist jedoch, dass er nicht weit weg von hier mit einer neuen Frau zusammen lebt.
Du schreibst, dass Du gerne Menschen hilfst. Mir geht es so ähnlich. Ich freue mich auch, aber mitunter fällt mir das sehr schwer, weil es immer Menschen gibt, die man hasst, lass mich es lieber anders formulieren, die man nicht leiden kann. Ich weiß nicht, ob Du verstehst, was ich meine. Wie Du mir geschrieben hast interessierst Du Dich für Kurzgeschichten. Aus diesem Grund schreibe ich Dir zwei auf. Es wäre toll, wenn Du mir schreiben würdest, wie Du sie findest. Eine ist von Bertolt Brecht und die andere von Louis Bromfield.
Bis dahin tschüss. Deine Sylvia.

Braunschweig, den 21. April
Liebes krankes Huhn!
Vielen Dank für das Buch. Ich habe gleich mit dem
Lesen begonnen und es gefällt mir sehr.
Lass mich bitte mein Herz ausschütten. Pass also
auf. Vor zwei Wochen habe ich bei der Post
angefangen, wie Du ja weißt. Wenn man seine
Briefe umsortieren will, muss man erst zwei Treppen
hoch gehen. Für die schweren Sachen wie
Zeitungen gibt es einen Aufzug. Eine Kollegin wirft
die Zeitungen nach unten in den Aufzug und lässt es
oben klingeln. Vor drei Tagen hat sie das auch
gemacht. In dieser Zeit war ich jedoch unten und
habe einen anderen Kollegen etwas gefragt. Nun hat
die gute Frau ziemlich lange geklingelt und
anscheinend war niemand oben, ich weiß es ja nicht.
Jedenfalls, einige Minuten später, als ich nach oben
ging, giftete sie mich an. Sie meckerte, dass keiner
die Zeitungen aus dem Aufzug genommen hat. Ich
habe nichts gesagt, denn ich fühlte mich zu diesem
Zeitpunkt nicht angesprochen. Am nächsten Tag
allerdings sollte sie die Zeitungen aus dem Aufzug
holen und ließ den mir zugewiesenen Stapel darin
liegen. Das fand ich ziemlich blöde, aber ich sagte
nichts. Heute Morgen nun saßen ein anderer
Beamter und ich im Raum, als die Zeitungen nach
oben transportiert wurden. Wir waren gerade sehr
beschäftigt, denn die ganze Osterpost war an
diesem Tag zu verteilen. Nun ja, jedenfalls waren wir
nicht sofort aufgesprungen um den Aufzug zu leeren.
Ich sagte zu meinem Kollegen: "Würden Sie bitte die
Zeitungen raus nehmen?" Kaum hatte der junge
Mann angefangen, kam meine liebe Kollegin
hochgefegt und schrie. Ich dachte, ich hätte
irgendetwas Böses begangen, so schrie sie herum.
Sie sagte zu mir. „Ja, Fräulein Sylvia tut ja überhaupt
nichts. Herr Lange hätte früher nie … und so weiter.
Sie konnte sich auch eine Zeitlang nicht mehr
beruhigen. Den ganzen Morgen schimpfte sie auf
mich und nachmittags ging es noch weiter. Ich hatte

die ganze Zeit kein Wort gesprochen, das hätte ich auch nicht gekonnt, denn ich war den Tränen ziemlich nahe. Bitte denk nicht, dass ich eine Heulboje bin. Jetzt wo ich das ganze aufschreibe, könnte ich wieder heulen.

Jetzt frage ich Dich, was soll ich machen?

Doch nun zu etwas anderem. Mein Geburtstag war vorgestern recht lustig. Deine Karte hat einen Ehrenplatz auf meinem Geburtstagstisch bekommen. Du hast wirklich einen guten Geschmack. Ich mache jetzt Schluss und grüße Dich von Herzen. Sei mir nicht böse wegen der furchtbaren Schrift. Wenn ich etwas Wichtiges aufschreibe, denkt mein Kopf immer so schnell und mein Füller muss sich immer so beeilen. Ich hoffe auch, dass Du mir nicht böse bist wegen dem ganzen Ärger, den ich auf Dich losgelassen habe. Aber wenn man etwas aufschreibt, ist es beinahe so, als wenn man es ausspricht. Deshalb vielen Dank, dass es Dich gibt. Tschüss und bis bald. Gruß und Kuss von Sylvia.

Braunschweig, den 02.Mai

Mein lieber John.

Tausend Mal sage ich Dank für Deinen Brief. Ich habe soo darauf gewartet. Ich dachte nämlich schon, Du wärst mir böse, weil ich Dir meine ganzen blöden Sorgen geschrieben hab.

Aber heute, heute kam der Brief. Auf der Arbeit gab es heute viel zu tun, deshalb hatte ich auch leider keine Zeit, ihn gleich zu lesen. Aber ich konnte mich den ganzen Morgen darauf freuen und als ich mittags wieder kam, war es soweit. Und jetzt kommt das Schönste. Es ist fast genau so passiert wie Du es mir geschrieben hast. Ich habe meine liebe Kollegin gar nicht besonders beachtet, sondern bin ihr gegenüber gleich geblieben. Und jetzt ist sie

wieder ganz freundlich zu mir. Ich nehme an, dass
es ihr leid tut, aber es ist schon in Ordnung so.
Leider hatte ich in letzter Zeit wenig Gelegenheit zu
lesen. Aber jetzt habe ich wieder jeden Tag Dein
Buch vor der Nase. Es wird immer besser. Dein
Gedicht
– Wenn Du das Meer suchst- gefällt mir besonders
gut. Wie kann man nur so wunderschöne Passagen
schreiben: Wenn Du das Meer suchst, findest Du es
in einer Träne. Unheimlich gut!
Bei uns ist zurzeit beschissenes Wetter. Ich bin
heute total nass geworden, aber inzwischen bin ich
wieder trocken und sitze hier ganz gemütlich und
kann Dir schreiben. Im Hintergrund läuft eine alte CD
von den Doors. Wie findest Du diese Musik? Ich
mache nun Schluss. Ich schicke Dir eine weitere
Geschichte von Bertolt Brecht, es sind die Fragen
eines lesenden Arbeiters. Schade, dass es Zeit und
Raum gibt. Ohne sie wäre alles viel leichter.
Tschüss Sylvia.

Braunschweig, den 08. Mai
Lieber John.
Vielen Dank für Deinen dicken Brief. Ich habe mich
ja so sehr darauf gefreut. Du musst ja furchtbare
Probleme mit Deinem Bruder haben, was Du
machen sollst, weiß ich nicht, das ist sehr schwer.
Deine zwei Gedichte gefallen mir sehr gut. Am
besten finde ich das: Wo Du auch gehst, wo Du auch
bist. Ich könnte mich niemals so gut ausdrücken.
Manchmal schreibe ich auch das, was mich bewegt,
auf. Von irgendwelchen Eindrücken. die mich
besonders fesseln. Ich werde Dir mit diesem Brief
etwas mitschicken. Kannst Du Dir vorstellen, dass
ich gerne auf Friedhöfe gehe? Machst Du Dir auch
Gedanken darüber, was nach dem Tode mit den
Menschen geschieht. Glaubst Du an ein Leben nach
dem Tod? Ich ja! Deshalb habe ich keine Angst vor

dem Sterben. Ein Leben nach dem Tod muss doch viel schöner sein als hier.

Hier ist man an die Gesetze und die moralischen Grundsätze gebunden, genau wie man an Zeit und Raum gebunden ist. Das macht alles so furchtbar schwer. Ich verstehe nicht, dass man nur einen Menschen lieben darf. Alles wäre viel leichter, wenn man jedem zeigen könnte: Ich hab Dich lieb. Manchmal, wenn ich besonders glücklich bin, könnte ich alle Menschen auf der Straße umarmen. Aber man darf es nicht! Alles ist so schwer für mich. Muss folgerichtig nach dem Tod nicht alles viel schöner sein? Ich mache jetzt Schluss, denn ich bin so richtig in einer depressiven Stimmung. Ich sage tschüss Deine Sylvia, und hier ein Gedicht für Dich.

Man kann auf Wolken schwimmen
Man kann auf rosa Wolken schwimmen
Man kann auf rosa Wolken durch die Luft
In den Himmel, in die Weite fliegen.
Der Körper löst sich auf
Du bist nicht mehr da und erlebst doch alles.
Du lebst und bist doch tot.
Du spürst und hast doch kein Gefühl.
Du fühlst das Glück und kannst doch nicht traurig sein.
Muss das nicht furchtbar sein?

Man kann auf Wolken schwimmen
Man kann auf rosa Wolken, man kann.
Aber warum sehe ich nur diese eine kalte Wand.
Und nicht hinter den Horizont?
Man Kann!
Auch Du kannst es, komm mit!
Auf Wolken schwimmen, alles erleben
Den Horizont sehen, Leben fühlen
Glück und Trauer
Auch Du brauchst es!

Braunschweig, den 13. Mai
Lieber John.
Hast Du mich gehört, wie ich gelacht habe. Ja, ich
lächle schon, wenn ich einen Brief von Dir bekomme,
weil mich das so freut. Deine Herzenswünsche kann
ich nachempfinden. Ich habe auch schon oft daran
gedacht, dass es schön sein müsste, mal in „echt"
mit Dir zu quatschen. Allerdings stimmt auch, dass
es schön ist, wenn man von dem anderen nur seine
Briefe kennt. Aber Deutschland ist doch so weit weg.
Aber man weiß ja nicht und schließlich ist Elvis auch
mal hier gewesen.
Erwarte jedoch bitte nicht viel von mir. Ich weiß nicht,
ob ich es Dir schon geschrieben habe, aber ich habe
hier einen Freund, aber das hast Du sicherlich schon
gedacht. Du hast Recht, wenn Du sagst, dass man
nicht dauernd an den Tod denken soll. Wenn ich
irgendwo in eine fremde Stadt komme, suche ich als
allererstes den Friedhof auf. Und hier bei uns
zuhause gehe ich auch sehr gerne hin. Ich gehe
dann von Grab zu Grab und lese die Namen. Dabei
denke ich, dass die Leute es jetzt schön haben
müssen. Ich dagegen bin hier an alles gebunden.
Zum Beispiel möchte ich Dich gerade jetzt am
liebsten in die Armen nehmen. Jedesmal habe ich
dieses Gefühl, wenn ich einen Brief von Dir
bekomme. Aber das geht ja nicht, erstens weil Du
weit fort bist, zweitens weil die Leute es falsch finden
würden und drittens, weil mein Freund eifersüchtig
würde, ich meine, dass sich die Menschen alles viel
zu schwer machen.
Feiert ihr auch den Muttertag? Der ist Morgen und
man schenkt seiner Mutter irgendetwas, einfach nur
so, um ihr zu zeigen, das man sie liebt. Ich habe
meiner Mutter Beethovens dritte Sinfonie gekauft.
Kennst Du diese? Ich finde diese Sinfonie,
besonders den Schluss wunderschön. Ich glaube ich
mache jetzt Schluss. Zuvor möchte ich Dir noch
sagen, dass Du mir nicht sympathisch bist. Es ist ein

so anderes, tieferes Gefühl, dass ich es nicht beschreiben kann. Vielleicht reicht es, wenn ich einfach nur schreibe, ich habe Dich gern. Deine Sylvia.

Braunschweig, den 21. Mai
Lieber, kleiner John.
Vielen Dank für Deinen Brief und ich hoffe, Du verzeihst mir, dass es so lange gedauert hat, bis ich schreibe. Bei uns ist zurzeit sehr viel los. Meine Freundin und ich machen morgen Abend eine Abschiedsfeier. Wir werden ja am ersten August aus Braunschweig abhauen, deshalb geben wir ein kleines Fest für alle, die wir gern haben. Wir backen und kochen schon den ganzen Tag und wir müssen noch sehr viel einkaufen. Vielleicht hast Du recht, ich kenne nur Deine Briefe, aber was heißt hier –nur-, das ist doch so viel. Das sind doch Deine Gedanken und Sorgen. Muss man sich gegenüber stehen, um sich erst dann zu mögen. Wenn Du es schaffst, in Deinem Urlaub vorbei zu kommen, würde ich mich sehr freuen. Wie ist das Wetter bei Euch? Bei uns regnet es mal wieder, aber bald ist es endlich Sommer. Für mich die allerschönste Jahreszeit. Für Dich auch ?
Bis bald, Deine Sylvia.

Braunschweig, den 29. Mai
Lieber John.
Danke, danke hundert Mal für Deinen Brief, vor allem auch für das Gedicht über die erste Reise. Das Gedicht ist so toll, dass ich nichts dazu sagen kann:
Wenn ich Arme hätte,
So groß
Das ich alle Menschen umarmen könnte….

Weißt Du, das diese Stelle jemand zum Heulen bringt? Wie oft habe ich das Gefühl, dass wir beide dasselbe denken, und es macht mich sehr froh.
Ich habe Angst vor der Zukunft, John. Es ist alles so ungewiss. Meine Kollegin, Du kannst Dich ja noch an sie erinnern, suchte vor zwei Tagen Kontakt zu mir und erzählte folgendes:
Es war ein verregneter November im Jahr 1978. Ich habe drei jüngere Geschwister, die ich seit mehreren Jahren nicht gesehen habe. Ich, das schwarze Schaf, habe den Kontakt zu meiner Familie abgebrochen. Zuviel Gewalt, zu viel Psychoterror ...
Das Telefon klingelt. Eine Stimme sagt: "Hier ist dein Vater. Ich weiß ja nicht, ob es dich interessiert, aber der Jens ist tot. Er hat sich das Leben genommen. Die Beerdigung ist am Donnerstag. Das wollte ich dir nur sagen."
Jens war 21 Jahre alt, als er nicht mehr weiter wusste. Er wurde von unseren Eltern genauso abgelehnt wie ich. Er hat sich vergiftet und wurde drei Tage später im Wald gefunden. Er war mit dem Fahrrad unserer Schwester weggefahren, hatte es noch an einem Baum verschlossen und den Schlüssel in die Hosentasche gesteckt. Es sollte nicht gestohlen werden....
Es folgte tiefe Verzweiflung. Warum hatte Jens nicht die gleiche Kraft wie ich?

Ich muss jetzt leider schließen. Es ist 18.30 Uhr. Gleich möchte ich ins Kino gehen und dieser Brief soll noch in den Postkasten. Vielleicht wartest Du schon ein wenig darauf.
Deine Sylvia.

Braunschweig, den 20. Juni
Lieber John.
Endlich komme ich dazu Deine Post zu beantworten.
Kannst Du mir noch einmal verzeihen?

Ich habe in letzter Zeit viel erlebt, und bei uns war stark was los. Es hat mich auch ziemlich mitgenommen. Das schlimmste war, dass ich keine Zeit zum Schreiben hatte.

Durch meine Spaziergänge auf dem Friedhof habe ich mit Menschen Kontakt, die ich sonst nur vom Sehen kenne. Melanie, die in einer Bäckerei arbeitet, sah ich vorgestern. Sie besuchte das Grab ihrer Schwester. Sie sagte: „Ich weiß nicht, ob die Zeit vor und während des Begräbnisses ein "angemessener" Abschied für mich war. Ich gehe zwar regelmäßig an das Grab meiner Schwester, doch ist sie für mich bis heute nicht wirklich dort. Für mich ist sie irgendwie immer doch da, und ich rede sehr oft mit ihr, allerdings immer noch mit Tränen in den Augen. Eigentlich habe ich mich nie von ihr verabschiedet".

Liebst Du Horrorgeschichten, John? Ich ja. Um sie dir schmackhaft zu machen, schicke ich Dir mal eine von Philipp McDonald. Schreib mir bitte, wie Du sie findest. Was machst Du den ganzen Tag?

Braunschweig, den 28. Juni
Lieber John.
Vielen, vielen Dank für Deinen lieben Brief.
Du möchtest, dass ich Dir schreibe, was mich in letzter Zeit mitgenommen hat, bzw. mich noch mitnimmt. Das wird eine lange Geschichte, aber ich will ganz offen sein und nichts verschweigen, weil ich in Dir einen Freund weiß.
Ich habe Dir von meinem Freund Dieter schon geschrieben. Ich hatte ihn eine Zeitlang sehr gerne, ich glaube sogar, dass ich ihn richtig geliebt habe.
Am 18.Juni kam ein Brieffreund von mir zu Besuch. Viel mehr, er kam zu mir, um mich mal persönlich kennen zu lernen und mit mir zu reden. Wir haben uns in unseren Mails schon sehr gut verstanden. Bevor der Junge, er heißt Gerhard, hier war, gab es zuhause ein großes Theater. Meine Mutter und

Dieter dachten, Gerhard würde kommen, um mich auszunützen. Ich fand das albern und blöd und habe mich darüber sehr geärgert, dass alle Menschen in meiner Umgebung zunächst nur vom Schlechten ausgehen.

Gerhard kam trotzdem. Es stellte sich heraus, dass er sehr nett war und genau das Gegenteil von dem, was meine Angehörige sich vorgestellt haben. Ich muss zugeben, ich mochte ihn vom Anfang an, und Dieter war wahnsinnig eifersüchtig. Das hat natürlich alles noch schwerer gemacht. Kein Mensch, nicht einmal meine Schwester war auf meiner Seite. Außer Gerhard natürlich. Meine Freundin Betty war zurzeit in Berlin.

Gerhard wollte ursprünglich von Montag bis Freitag bleiben, aber weil alle so ein Theater vollzogen, hat er sich dazu entschlossen, am Dienstag wieder zu fahren. Dazu kommt noch, dass ich mich wahnsinnig verliebt habe. Wir haben zwei Stunden im Hotelzimmer gesessen und ich habe geweint. Als ich verspätet zu Hause ankam, waren alle eingeschnappt und haben auf mich losgebollert.

Ja, so war das. Als Gerhard weggefahren war, habe ich die ganze Nacht durch geweint und kein Mensch war da. So kam es, dass ich alles um mich herum gehasst habe, meine Mutter wie auch Dieter. Ich muss Tag und Nacht nur an Gerhard denken. Kannst Du mich verstehen? Wahrscheinlich nicht, weil Du ja diese Menschen nicht kennst. Aber ich bin so froh, dass es jemanden gibt, dem ich alles anvertrauen kann. Ich wäre froh, wenn ich wüsste, dass Du mich ein klein wenig verstehst. Danke, danke, danke, dass Du da bist, mein Freund. Grüße und Küsse von Sylvia.

Braunschweig, den 11. Juli
Lieber John.
Wundere Dich bitte nicht über die Schrift. Ich sitze im Augenblick gerade im Bus und hoffe, dass Du das

Gekritzelte lesen kannst. Ich bin auf dem Weg,
meine Freundin Betty zu besuchen. Doch ich will
mich erstmals für Deinen lieben Brief bedanken. Bei
mir ist inzwischen wieder eine Menge passiert. Am
Wochenende war Gerhard hier. Es war
wunderschön, wir haben uns sehr lieb. Meine Mutter
ist wieder einmal böse, sie kann es nicht verstehen,
wie man zwei Menschen zugleich gern haben kann.
Ich dagegen meine, man sollte versuchen, möglichst
viele Menschen zu lieben und zu verstehen. Ich
habe viele Menschen lieb, Du gehörst dazu.
Sicherlich hast Du recht, wenn Du schreibst, man
müsste auch seine Mutter verstehen, das stimmt,
aber momentan ist es so schwer für mich.
Es grüsst mit Liebe Deine Sylvia.

Braunschweig, den 26. Juli
Lieber John.
Heute muss ich mit der Maschine schreiben, weil ich
in zwanzig Minuten zur Arbeit muss. Ich tröste mich
damit, dass es das letzte Mal ist, dass ich
nachmittags arbeiten muss. Im Ganzen habe ich
noch vier Tage bei der Post und dann endlich
Urlaub,
Ach ja, habe total vergessen, mich für Deinen lieben
Brief zu bedanken. Der Krach mit meiner Mutter geht
einem langsam an die Nerven. Sie wollen es nicht
wahrhaben, dass ich langsam aber sicher
erwachsen werde und werden will. Dieses
Wochenende will Gerhard kommen. Ich freue mich
wahnsinnig, aber das darf ich nicht zeigen, sonst
würde man sich wieder wundern, dass ich gar kein
schlechtes Gewissen habe. Dieter tut mir wirklich
leid, aber ist Mitleid die Grundlage für eine richtige
Liebe? Ich glaube es nicht! Ich möchte frei sein und
Freiheit kann ich nur haben, wenn ich jemanden sehr
stark liebe und er mich so stark liebt ohne dieses
beklemmende Gefühl der Eifersucht.

Wenn man Mitleid haben muss, hat man kein Vertrauen, und ist nicht Vertrauen die Basis einer Liebe? Ich weiß bald gar nichts mehr. Einmal bin ich mir ganz sicher, das Richtige zu tun, und dann wieder zweifle ich so sehr an mir. Was soll ich nur tun, ich frage mich, wie es weiter gehen soll.
Einen Leserbrief möchte ich Dir abschreiben den ich gestern gelesen habe. Ein Vater schrieb diese Zeilen. Diese Passage hat mich den ganzen Tag beschäftigt:

Es war für mich damals unfassbar, wie die Deutsche Justiz einen eindeutig vorbestraften Vergewaltiger wieder auf freien Fuß setzte, damit er einige Monate später meine geliebte Tochter auf brutale Weise ermorden konnte, weil ein Gutachten noch nicht erstellt worden war, was das Leben meiner Tochter hätte retten können. Aber es waren ja Sommerferien, und die Ämter hatten kein Personal, um diese für sie scheinbar nicht so wichtige Sache zu bearbeiten, was für meine Tochter das Todesurteil bedeutete. Der Mörder meiner Tochter war 21 Jahre alt und wohnte im Haus gegenüber. Meine Tochter kannte ihn und vertraute ihm, als sie mit ihm in den nahen Park ging. Im Gefängnis bekam dieser Mensch zu meiner Genugtuung einmal zu spüren, was mit Kindermördern im Knast passiert. Einen Tag vor dem 11. Geburtstag meiner Tochter, wurde er stranguliert am Zellengitter gefunden. Angeblich war es Freitod durch Selbstmord, was ich sehr stark bezweifle, weil er nicht alleine in seiner Zelle war. Ich glaube, dass er von seinen Mitgefangenen umgebracht worden ist.

Braunschweig, den 19 Sept.
Lieber, kleiner John.

Ich kann es voll und ganz verstehen, wenn Du mir böse bist. Leider kann ich nichts weiter als mich entschuldigen. Hoffentlich verzeihst Du mir noch einmal. Ich habe so lange nichts geschrieben, weil ich hier im Heim sehr viel zu tun habe. Ich muss von sechs Uhr morgens bis sieben Uhr Abends sehr viel arbeiten. Dazwischen habe ich zwei Stunden frei, und in dieser Zeit habe ich noch unheimlich viel zu tun. Waschen, einkaufen und ab und zu schlafe ich auch. Aber obwohl die Arbeit schwer ist, macht es doch viel Spaß. Die Kinder sind oft schwierig, manchmal tun sie alles, was verboten ist, das ist ganz schön nervenaufreibend. Am Wochenende habe ich endlich mal wieder frei, ich freue mich schon sehr darauf. Ich muss endlich unbedingt ausschlafen. Zuhause habe ich noch Dein Buch, das habe ich schon lange gelesen, und nächste Woche schicke ich es Dir zurück. Mein Urlaub war auch ganz schön. Wir hatten öfters Sonne und konnten viel schwimmen. Nun muss ich gleich wieder arbeiten. Schade, denn ich würde Dir noch so vieles schreiben wollen. Bitte, bitte sei mir nicht böse. Ich habe Dich nicht vergessen, wie könnte ich auch. Jeden Tag habe ich gedacht, dass ich Dir schreiben muss, nun habe ich es endlich getan und ich bin froh. Sei nun herzlichst gegrüßt und umarmt von Sylvia.

Braunschweig, den 10 Okt.
Lieber John.

Mit einem dicken Kuss gratuliere ich Dir nachträglich zu Deinem Geburtstag, und entschuldige, dass ich wieder so lange gewartet habe. Ich will Dich nicht ärgern. Lieber John, ich habe geweint. Nach so langer Zeit habe ich wieder Gedichte von Dir gelesen, und der Zyklus „Vom Verlieren des Sohnes„ nimmt einen direkt mit. Ich finde, es hat eine unsagbare Traurigkeit. Was hat Dich dazu getrieben, so was Trauriges zu schreiben? Hast Du irgendetwas Schlimmes erlebt, oder sind diese

Gefühle einfach aufgekommen? Sag mal, hast Du Dich eigentlich verliebt? Oder was ist mit Dir los? Du schreibst in Rätseln. Du willst also etwas über die Kinder wissen. Nun ja, sie sind zwischen fünf und dreizehn Jahre alt, sind oft sehr schwierig, aber meist sehr lieb und momentan sind hier Ferien. Da kann man viel unternehmen. Manche Kinder fangen jetzt schon mit dem Weihnachtsschmuck an. Da wird fleißig gestrickt und gebastelt. Gestern haben wir die Dachkammer bei uns aufgeräumt. Das war ein Krampf, Junge, Junge, aber es hat auch Spaß gemacht. Nun muss ich Schluss machen. Viel Glück nochmals in Deinem neuen Lebensjahr. Alles Gute Deine Sylvia.

Braunschweig, den 29. Dez.
Lieber kleiner, John.

Habe Gestern Dein Manuskript gelesen. Ich finde es toll. Manche Parodien sind jedoch für mich sehr schwierig zu verstehen. Ich finde es aber im Großen und Ganzen sehr gelungen. Ich weiß nun, und darüber freue ich mich am allertollsten, viel mehr über Dich und Deine Gedanken.
Darüber bin ich sehr froh und über das Vertrauen das Du in mich setzt, über die Selbstverständlichkeit, ganz einfach darüber, dass es Dich gibt. Bis bald Deine Sylvia.
PS: Momentan habe ich einige kleine Sorgen, die ich Dir noch nicht nennen kann. Ich möchte Dir vertrauen und werde Dir bald bestimmt berichten können.
Deine Sylvia.

2. Jahr

Braunschweig, den 08. Jan.
Guten Morgen John.

Hab Dank für Deinen dicken Brief. Du machst mir
solche Komplimente, dass ich mich jedes Mal
wahnsinnig über einen Brief von Dir freue. Jetzt ist
es sechs Uhr fünfundzwanzig und Du wunderst Dich
vielleicht, warum ich schon so früh am morgen
schreibe, aber ich konnte einfach nicht schlafen, und
so möchte ich Dir auf Deinen Brief antworten. Die
letzte Zeit ist mein Seelenleben total durcheinander
geraten. Du hast aus den Zeilen des letzten Briefes
sicherlich Deinen Reim gemacht.
Ich war am Wochenende mit meinem Freund bei
einem bekannten Seelsorger, wir haben viel über
unsere Zukunft gesprochen, und da sieht es für uns
nicht gerade rosig aus. Wir werden uns
wahrscheinlich in den nächsten drei Jahren nur in
den Ferien und einmal im Monat sehen, weil er in
Hagen studiert. Mich nimmt die Geschichte ganz
schön mit und ich hoffe stark, dass ich das aushalten
kann. Uaaaah, eben habe ich eine ganz heiße Brühe
getrunken, das tut gut.
Was würde ich machen, wenn ich mich Dir nicht
anvertrauen konnte.
Viele liebe Grüße von Sylvia.

Braunschweig, den 19. Febr.
..... Wir sollen uns nicht darüber ärgern, dass der
Rosenstrauch Dornen trägt, sondern uns darüber
freuen, dass der Rosenstrauch Rosen trägt.........
Hallo mein lieber John.
Entschuldige mein langes Stillsein und gleichzeitig
vielen Dank für Deine Post. Ich habe jetzt sechs
Tage frei. Stell Dir das mal vor, sechs Tage! Ist das
nicht super? Ich kann dir sagen, ich bin vielleicht

glücklich darüber. Ich sitze hier in einem kleinen Ort zuhause bei Gerhard. Die meiste Zeit vergammle ich und komme mir nicht einmal schlecht dabei vor. Am Donnerstag war der Geburtstag von meinem Freund. Ich habe ihm zu diesem Anlass einen superdicken Pullover gestrickt. Das hat meine ganze Freizeit in Anspruch genommen. Aber ich war auch in zwei Wochen damit fertig, deshalb, das wirst Du auch sicher verstehen, hatte ich wenig Zeit zu schreiben. Gestern haben wir eine Autotour unternommen, das war ganz schön anstrengend, kann ich Dir flüstern. Am Montag komme ich nun in eine andere Gruppe und die Trennung wird bestimmt schwer fallen. Vor allem von der Kollegin, mit der ich zusammen gearbeitet habe. Aber was soll man tun, man kann nichts ändern. Was machst Du denn so? Ich sitze hier bei einem Glas Rotwein und fühle mich müde und nicht in der Lage, etwas einigermaßes Vernünftiges zu schreiben. Deshalb viel Glück und tausend Grüße sowie einen kleinen Kuss auf dem rechten Mittelfinger von Deiner Sylvia.

Braunschweig, den 13. April
Lieber John.
Kannst Du mein Schweigen noch einmal verzeihen? Eigentlich wollte ich Dir mit dieser Karte nur frohe Ostern wünschen und bin sicher, dass ich gleich nach Ostern ganz viel an Dich schreiben werde. Deine Sylvia.

Braunschweig, den 18. Juni
Lieber John.

Endlich komme ich faules Biest dazu, Dir zu schreiben. Ich bin wirklich ganz schön gemein. Wir haben momentan sehr viel zu tun. Am 27. Juni soll ein großes Sommerfest stattfinden. Da gibt es natürlich eine ganze Menge vorzubereiten. In jeder freien Minute, auch nach Feierabend. Dazu müsste ich noch in den nächsten zwei Wochen zwölf Berichte schreiben. Kannst Du Dir das mal vorstellen, zwölf Berichte! Ich bin noch zweiundzwanzig Tage hier, kannst Du Dich noch erinnern, als ich Dir damals schrieb, dass ich hier beginnen werde?

Die letzte Zeit war ziemlich schlecht. Ich hatte eine furchtbare Erkältung und habe kaum Luft bekommen. Mit Fieber und Kopfschmerzen, sowie einem ausgedehnten Husten und Schnupfen habe ich mich so hingequält. Gestern bin ich jedoch um Punkt acht ins Bett gegangen. So habe ich neun Stunden geschlafen, das war genau das, was ich brauchte. Heute bin ich wenigstens so wach, dass ich Dir schreiben kann.

Vor einem Monat bin ich am Fuß operiert worden. Da konnte ich einige Tage nicht gehen. Inzwischen ist es aber verheilt. Zum Glück! Aber ich schreibe hier andauernd über meine kleinen Leiden, so dass Du denken musst, ich wäre dauernd krank. Ach, ich freue mich schon wahnsinnig, Ende Juli werde ich in Urlaub fahren. Zwei lange Wochen Dänemark! Machst Du auch irgendwo Urlaub? Und wann?

Du meine Güte, draußen gießt es schon wieder, ich wollte noch einkaufen gehen, aber bei dem Wetter, grrrr. Mit einem kleinen Kuss auf Dein linkes Ohrläppchen verabschiede ich mich für heute von Dir. Deine Sylvia.

Braunschweig, den 06. Mai
Lieber John.

Vielen Dank für Deine niedliche Geburtstagskarte. Ich habe mich wahnsinnig darüber gefreut. Dieses Männchen sieht ja auch wirklich zu süß aus.

Stell Dir vor, ich habe heute einen freien Tag. Das ist vielleicht mal wieder ein tolles Gefühl. Ich habe bis Mittag geschlafen. Wir haben zwar viel zu tun, aber es hat mir soooo gut getan. Unsere Sozialpädagogin ist in Urlaub gefahren und bei uns sind viele Kinder krank. Das ist ganz schön schrecklich. Unser Einjähriger hat die Masern bekommen, und der Arme sieht ganz furchtbar aus. Hoffentlich wird er bald wieder gesund. Auch sonst gibt es massenhaft viel zu tun, abends bin ich immer so k.o., dass ich tot umkippen könnte.

Am Sonntagabend haben meine Kolleginnen, das sind neun junge Frauen, und ich hier in meiner Bude gefeiert und zwar bis Mitternacht! Ganz schön verrückt, kann ich Dir sagen, wo wir doch alle am nächsten Tag wieder arbeiten mussten, aber es hat ganz großen Spaß gemacht. Wir haben leckere Bratwurst gegessen und Rotwein getrunken. Von meinen Großeltern habe ich einen großen grünen Schlafsack mit Kapuze bekommen. Im Sommer will ich in Dänemark zwei Wochen wandern. Darauf freue ich mich schon ganz schrecklich toll. Nur noch zwei Monate und dann bin ich auch schon mit meinem Vorpraktikum fertig. Dann darf ich wieder zur Schule gehen. Ach ja, es gibt so vieles, worauf man sich freuen kann. Meine Spaziergänge am Friedhof werden immer länger. Ich kenne jetzt fast alle Namen. Ich denke man erwartet mich jedes Mal, wenn ich die Gräber besuche.

So jetzt mache ich mit einem kleinen Kuss aufs linke Ohr Schluss. Deine Sylvia.

Braunschweig, den 18. Juli
Lieber John.

Ja die Zeit vergeht viel schneller als man denkt und schon, ehe man sich versieht, ist ein Jahr vergangen. Ja, ich habe jetzt Urlaub. Urlaub, ein Wort wie Musik in meinen Ohren. Die Zeit vergammle ich hier zuhause rum und vertrödle meine Zeit. Inzwischen war ich beim Ordnungsamt und holte meine letzten Papiere für die Schule zusammen. Ab dem 25. Juli, also nächsten

Donnerstag, bin ich in Dänemark, und ab den 15.
August drücke ich wieder die Schulbank. Wie war
Euer großes Fest von dem Du geschrieben hast.
War es ein Erfolg? Eigentlich muss es ein großer
Erfolg gewesen sein, so wie ich die Daumen
gedrückt habe.
Bei mir ist sonst nichts Besonderes los: Ich wünsche
Dir viel Spaß bei Deinem Mexiko-Urlaub. Deine
Sylvia

Braunschweig, den 31. Okt.
Lieber John.

Herzlichen Glückwunsch nachträglich zum
Geburtstag. Das sind ja tolle Sachen, die Du erlebt
hast. Freue mich dass Du wieder gesund zurück bist.
Bei mir geht es einigermaßen. Wir schreiben in der
Schule jetzt viele Arbeiten. Da gibt es viel zu lernen
und zu üben und oft bin ich ziemlich k.o. Dann ziehe
ich mich einfach an und gehe auf den Hauptfriedhof.
Ach ja, ich bin schon wieder fast ein viertel Jahr in
der Schule. Die Zeit vergeht so schnell.
Braunschweig ist eine gemütliche Stadt. Wieder hier
zu sein tut gut. Nun ist es schon 22.00 Uhr, ich muss
ins Bett, morgen geht es wieder früh raus. Sei
herzlichst gegrüßt und schreib mir mal wieder. Mit
einem kleinen Kuss auf Dein linkes Augenlid sage
ich für heute gute Nacht. Deine Sylvia.

Braunschweig, den 18. Dez.
Lieber John.

Diesen Brief schreibe ich Dir aus dem Krankenhaus.
Am Montag sind mir die Mandeln herausgenommen
worden. Naja, angenehm ist das ganze Pipifax ja
nicht gerade. Das Gröbste habe ich ja nun
überstanden. Nur beim Schlucken, Lachen und

Gähnen habe ich noch Schwierigkeiten. Aber das wird sicherlich schon vergehen. Schließlich ist das alles immer noch besser, als dreimal im Jahr eine Mandelentzündung zu kriegen.

Weil ich am Vormittag nie da bin, habe ich Deinen letzten Brief vom Postamt abholen müssen, dann habe ich ihn in der Straßenbahn gleich gelesen, ich habe mich so darauf gefreut und gelesen und gelesen und dabei vergessen, aus der Straßenbahn auszusteigen. In Deinen Briefen spüre ich Wärme und Sensibilität und ich denke mir oft, dass Du unheimlich gefühlvoll sein musst. Ich entdecke, dass Du oft ganz alltägliche Dinge mit ganz anderen Augen siehst als andere Menschen. Ich freue mich sehr, so einen tollen Freund in Dir zu haben. Hier im Zimmer liege ich mit zwei weiteren jungen Frauen. Wir sind oft sehr albern, und so ist es hier auch auszuhalten. Weihnachten werde ich ganz sicher zuhause sein. Wo feierst Du Weihnachten? Bitte schreib mir. Ich wünsche Dir ein frohes Fest, ein gesundes neues Jahr und schenke Dir einen Kuss auf die linke Schulter. Deine Sylvia.

3.Jahr

Braunschweig, den 02. Jan.
Lieber John.

Du wunderst Dich vielleicht, weil ich heute mit dem PC schreibe, aber Du musst wissen, meine Schwester hat zu Weihnachten einen PC bekommen, und ich werde mich darin auch austoben. Heute Morgen war ich bei meinem Hals-Nasen-Ohren Arzt zur Untersuchung. Nun brauche ich nicht mehr hin. Meine Wunden verheilen vorschriftsmäßig und ich brauche mir keine Sorgen mehr zu machen. Auch habe ich seit Samstag keine Schmerzen mehr. Sonst taten mir beim Schlucken

Ohren und Hals noch ziemlich weh. Aber wie fast alles in der Welt vergeht, so eben auch dieses, und wo ich vor kurzem noch solche Angst vor der Operation und all dem drum herum hatte.
Silvester konnte ich auch wieder mal richtig ausgehen und ich habe sagenhaft viel getrunken, aber vielleicht kam es mir auch nur so vor. Aber es hat sagenhaft viel Spaß gemacht, und das ist wohl die Hauptsache. Habe sehr viele angenehme Menschen kennen gelernt. Ansonsten, so wie immer. Lesen, fernsehen, spazieren gehen mitten in der Nacht. Habe inzwischen ein Tor auf dem Friedhof gefunden, das nachts nicht verschlossen wird. Ein bisschen backen, etwas kochen und nichts weiter. Ja, ein neues Jahr hat begonnen, hoffentlich wird es nicht so schrecklich, wie es manchmal erscheinen mag. Nun mein Freund verabschiede ich mich von Dir. Deine Sylvia.

Braunschweig, Ostermontag
Lieber John.

Ich habe ehrlich gesagt erstens ein bisschen Angst, dass Dir was passiert ist, und zweitens, dass Du ganz toll böse sein wirst, weil du so unendlich lange nichts von mir gehört hast. Hoffentlich bekomme ich eine Antwort auf diesen Brief. Aber ich will es trotzdem mal versuchen. Inzwischen ist eine ganze Menge passiert.
Ich habe jetzt Ferien, allerdings nur noch bis übermorgen, und wenn Du meinen Brief bekommst, dann werde ich wieder auf der elenden Schulbank sein müssen. Ab dem 7. April werde ich für sechs Wochen im Kindergarten arbeiten. Ich bin sicher, dass das viel Spaß machen wird und ich freue mich schon sehr darauf.
Hier bei uns hat es Karfreitag bis Ostersonntag ganz furchtbar geschneit, so dass ich sogar an den

Feiertagen die ehrenvolle Aufgabe übernehmen durfte, vor unserem Haus den superhohen Schnee wegzufegen. Aber ich strenge mich gerne an. Gestern Abend war ich mit meiner Mutter, meiner Schwester und deren Freund zum Tanzen, ganz groß mit ordentlichen Kleidern und so. Hat sehr viel Spaß gemacht, sage ich Dir. Es ist unheimlich schön, mal irrelange zu feiern und zu tanzen. Ich habe Dir doch sicherlich geschrieben, dass ich gerne tanze. Aber die Zeit vergeht immer viel zu schnell. Das Leben ist vorbestimmt und die Spanne ist nicht lange. Doch nun will ich Schluss machen, sonst kriegst du beim Lesen noch Angst oder zu viel. Dir wünsche ich einen schönen Frühling, und ich würde mich sehr freuen, wenn Du ab und zu an mich denken würdest.

EPILOG

Braunschweig, den 20. April
Mr. Beck

Leider muss ich Ihnen mitteilen, dass meine Tochter Sylvia vor vier Tagen verstorben ist.
Der liebe Gott hat Sylvia nach mehreren Monaten dauernder Leidenszeit zu sich geholt.
Sie hat jeden Schmerz mit soviel Lebenskraft und mit enorm viel Mut ertragen. Sie hat sehr oft begeistert von ihnen gesprochen, Ihre Briefe haben Sylvia sehr viel bedeutet. Ihre Freude sah man ihr jedes Mal deutlich an, wenn Sie einen Brief von Ihnen erhalten hat, und es war für sie eine Höllenqual, wenn sie durch den einen oder anderen Anfall für Monate hinweg nicht schreiben konnte.
Mr. Beck, ich wünsche Ihnen für Ihren Lebensweg alles Gute und ich erlaube mir mit einigen Zeilen, die Sylvia geschrieben hat, zu schließen:

Man kann auf Wolken schwimmen
Man kann auf rosa Wolken schwimmen
Man kann auf rosa Wolken durch die Luft
In den Himmel, in die Weite fliegen.
Der Körper löst sich auf
Du bist nicht mehr da und erlebst doch alles.
Du lebst und bist doch tot.

So entstehen Gedichte

So entstehen Gedichte
Die Einsamkeit umarmt Dich
Der Schmerz führt deine Hand
Worte werden geboren.
Du betrachtest dich schlafend und
Bemerkst nicht, dass dein anderes Ich
Den Körper verlässt.
Gerade an diesem Ort
Gerade an diesem Abend.
Lass uns Seele dazu sagen
Das, was eine Partnerschaft sucht
Die es im realen Leben nicht
Suchen kann, suchen darf.
Man kann nur das vermissen
Was man besessen hat.
Meine Seele jedoch vermisst Deine
Wenn die Realität keinen Raum bietet.
Muss man in dieser Zwischenwelt
Eine Erlösung finden?

Die Einlösung dieses stummen Versprechens
Wenn wir uns anschauen oder
Belangloses belanglos aussehen lassen wollen.
Wir stellen uns Fragen die wir nicht
Beantworten können.
Wie viele Blätter hat der Baum?
Wie viele Atemzüge sind vergangen
Seit wir uns gesehen haben?
Wie viele Menschen haben blaugrüne Augen?
Und wie viele Frauen rote Kleider tragen.
Tausend Fragen, um immer wieder
Eine und dieselbe Antwort zu erhalten.
Ja, ich bin lautlos
Auch hier zwischen Mitternacht und Erwachen.
Heißt das Seelenverwandtschaft?
Wenn allein die kleinste Berührung einen

Wahnsinnig macht?
Manchmal denke ich, wir zwei
Sind in einem Körper, und wenn
Das so ist, beginne ich mich zu beneiden.
Dieser Aufenthalt in der flüchtigen Zweisamkeit
Sekundenkurz.
Und manchmal dauerhafter als ein ganzes Leben.

Dann fragst Du mich, was ich gerade denke.
Ich sage, an nichts. Du sagst dann Worte wie
Vertrauen, Respekt, Essen, Sympathie und Rot.
Worte die keine Bedeutung zu haben scheinen und
Doch Dich in allen Einzelheiten beschreiben.

Deine Schönheit ist Dir sehr bewusst
Jede Geste, jeder Schritt, jede Bewegung
Und nicht einmal Nadeln in deinen Haaren
Können die Vollkommenheit stören.
Ein wolkenreiches Abendrot strahlt
Und gebärt andere Wahrheiten.
Das sind Augenblicke
In denen man sich umbringen möchte
Um wie Du, neu geboren zu werden.
Nach Dir beginnt mein Leben
Weil es ein Leben mit Dir nicht geben darf.
Tausend Sterne und ich allein
Und die Jahre zerfließen
Wie Farben im Wasser.
Ich vergaß, dass es draußen dunkelt
Gedanken an süße, zauberhaft süße Sünden
Lassen mich nicht ruhen.
Kann verliebt sein Sünde sein?
Seele und Körper, das ewige Suchen.

Wenn es Dich friert
Und Du ein Kleidungsstück suchst
Bedecke dich bitte mit meiner Liebe
Als letzte Rettung vor dem 3. Weltkrieg.

Halt ein!
Hörst Du diese andere Stille?
Ist das der Vollmond?
Menschen treffen sich in Menschengestalt
Wieso treffe ich einen Gott?
Und bevor die Nacht dem Tage weicht
Bevor wir wieder erwachen und bevor
Jeder den anderen nicht erkennt
Möchte ich Dir sagen,
Dass jeder Schatten Deinem ähnelt
Jeder Windhauch deinen Namen summt
Jede Farbe dich enthält
Jeder See dich widerspiegelt.
Wenn Du meinen Namen nicht aussprechen
möchtest
Sprich irgendetwas aus
Will dich reden hören
Will durch den Klang deiner Stimme
Verwöhnt werden.
Sei bitte nicht unfair
Zwinge mich nicht
Das Zwiegespräch mit dem
Gewissen aufzunehmen.
Und so entstehen Gedichte
Die Einsamkeit umarmt Dich
Der Schmerz führt deine Hand
Worte werden geboren.

Schwarzer Felsen
9 Momente
von Liebe, Freud und Leid

1

Gib mir eine Ziellinie, um die Grenzen zu sehen
Gib mir einen Namen, damit ich nicht verloren gehe
Gib mir einen Traum, damit ich mich festhalten kann
Gib mir eine Hoffnung fürs Gleichgewicht.

Gib mir Zeit, damit ich beichten kann
Gib mir ein Lächeln, um das Böse abzuwenden
lass mich Deinen Duft atmen
um zu erkennen, dass ich noch am Leben bin.

2

Unser Lied klingt verbraucht
Die Musik erinnert uns an diese Zeit
Als ich Dich noch brauchte
Das Echo meiner Seele folgt Dir
Die Aufruhr erzeugt falsche Resonanzen
Ich brauche Dich so.

So entstehen Liebesgedichte
Sie entstehen, wenn abschreckenden Gedanken
Kommen
Und ich betrachte Dein Photo
Liebt sie mich? Liebt sie mich?

So entstehen Liebesgedichte
Tausend Nächte und noch mehr
Und der Rhythmus sagt mir:

Ich brauche Dich
Und um in Deiner Nähe zu sein
Versuche ich, in dem Mikrokosmos der Worte
Deine Oase zu finden.

3

Ich suche nichts
Ich lebe vor mich hin
In Einsamkeit.
Ich lache, um Dir zu gefallen
Tu so, wie wenn ich leben würde
Und ertrinke im Gefühl.

Die Zeit überlebt alle
Die Träumer
Die Nüchternen
Durchleben den Schmerz.

Ich bin wieder da
Habe meine Sinne aufgeräumt
Um dem Wahnsinn zu dienen.
Und Du
Sitzt weiterhin
In Deinem goldenen Käfig
Nicht allein, aber zuweilen brutal einsam.

4

Zwanzig Brände wollte ich entfachen
Der Mond ist mein Komplize.
Geister träumen in Träumen
Deinen Traum.

Beim neunzehnten Brand wurden Deine Kleider
Licht.
Und aus meiner Brust wächst ein Sehnen

Komm nicht zu spät
Und wenn Du kommst
Lösche das Feuer
Mit einer Zärtlichkeit.
Aus meinem Herz
Komm nicht zu spät.

Zwanzig Brände wollte ich entfachen
Und die Sterne, die Dir ähneln sollen
Als Zeichen der Freiheit in Flammen stehen.
Und wenn Dich im Schlaf
Die Flammen erreichen
Wird zur einzigen Rettung
Die Berührung meines Traums.

5

In meinem letzten Leben
Habe ich Dich geliebt, gespürt, besessen.
Und dann verurteiltest Du mich
Zur ewigen Liebe.

Dann kam die Wiedergeburt
Und ich verliebte mich erneut in Dich.
Nenn mir einen Grund
Nicht ständig von Dir zu träumen.

Seelen und Körper umkreisen die Zeit
Sie ändern lediglich ihren Namen
Doch die Liebe bleibt eins.
Komme einfach nicht von Dir weg
Nichts lässt die Zukunft, Zukunft sein
Und die einzige Stimme, die ich wahrnehme
Ruft: „Sie ist es, sie!„

6

In der Einsamkeit des Raums
In dem ich mich befinde
Umarmt mich Dein Lächeln.
Ich wollte so vieles erreichen
Habe für vieles bezahlt
Doch einen Rhythmus für den Herzschlag
Habe ich immer noch nicht gefunden.

Die Nächte sind sternenlos
Es herrscht eine besondere Ruhe
Der Schmerz ist nicht mehr in seinem Domizil
Und die, die ich liebe
Sitzt jetzt irgendwo beim Abendessen
Inmitten anderer.

Es ist brutal, gesondert zu sein
Ich verstehe es erst jetzt.

Jetzt, wo die Wahrheit geächtet wird
Du kannst so stark sein wie ein Fels
Die Einsamkeit bleibt Sieger.

7

Punkt 12 Uhr bist Du gekommen
Wie ein warmes Gewitter
Wie die Ohnmacht
Zerstörtest den Traum
Machtest mich wahnsinnig.

Um kurz nach 12 Uhr gingst Du wieder
Und mich übermannte das Alleinsein.
Denkst Du noch an diesen Tag im Dezember?

Um 12 Uhr zwanzig
Halte ich Deine Bluse ganz fest
Versuche Deinen Duft einzuatmen
Du jedoch
Liegst dort, wo man Dich vermutet.
Ich schließe die Zimmertür ab
Im Hotelgang höre ich Schritte
Ich horche und weiß
Deine können es nicht sein.

8

So viele Männer kommen noch in Dein Leben
Sie werden von überall Postkarten schicken
Von einer Hauptstadt, von einer Insel
Artisten, Künstler, Handwerker werden es sein.
So viele Männer kommen noch in Dein Leben
Sie werden Leistungen anbieten und Schmuck.
Werden Dir die Abgründe zeigen wollen.
Ich kann es mir genau vorstellen
Wie sie von Ozeanen sprechen
Du jedoch den Bach hinterm Haus suchst.

So viele Männer kommen noch in Dein Leben
Doch keiner wird Dich
Stärker lieben können als ich.
So wie die Sterne Staub absondern
Sind unsere Liebesnächte
Unlöschbar.
So viele Männer kommen noch in Dein Leben
Doch sie werden kommen und gehen
Mit einem Lächeln oder einem Versprechen
Meine Liebe wird über Dich wachen
Dass Dich keiner verletzt.

9

Auf einem schwarzen Felsen
Hattest Du Dein Haus
Und man sagte mir: Geh zu ihr, sie braucht Dich.
Wir wissen nicht, ob sie jung oder alt ist,
Wir wissen nur, dass sie zu den Vögeln spricht
Und dass ihr Herz den Rhythmus verloren hat.
Ich sammelte daraufhin Muscheln und Pflanzen
Um sie Dir zu bringen.
Und man sagte mir: Geh zu ihr, sie braucht Dich.
Und dann sah ich Dich und wusste:
Du bist das Leben.

Ich stand vor dem schwarzen Felsen und rief:
„Ich liebe das Meer."
Und Du sangst das Lied unserer Träume
Und als ich mitsingen wollte
Versagte mir die Stimme.
Ich schaute Dich stumm an. Du konntest nicht
Verstehen
Als ich Dir sagte: Du bist meine Inbrunst.
Und so ging ich in Richtung der Sterne und wusste,
Wenn ich Dich verliere, verliere ich mich.

Auf einem schwarzen Felsen
Hattest Du Dein Haus.
So wandere ich durch die Jahrhunderte
Und hoffe
Irgendwann diesen Felsen zu finden.

Das Mädchen mit dem Engelsgesicht

1

Heiß und schwül strahlte die hoch stehende Sonne. Eigentlich ist sie in dieser Gegend immer heiß und schwül. Eine Wettermonotonie die die Jahreszeiten meistert. Diesen Landstrich hielt der Herrgott so heimlich, als wollte er dieses, sein Meisterstück niemandem zeigen. Diese Vollkommenheit von Landschaft in den Bergen Lakonias, versteckt sich inmitten toter Landstriche und blühender Orangenplantagen. Wir sind im Jahre 1975. Die Menschen in diesem Gebiet haben ihre eigene Zeitrechnung. Tag ist Tag und Nacht ist Nacht und dennoch ist es so, wie wenn das Wort –Zeit- eine andere Bedeutung hätte.

Das Dorf heißt Pano und es gibt drei Radios und in der Dorftaverne einen Fernseher. Früher hatte das Dorf einen anderen Namen, dieser Name darf jedoch nicht ausgesprochen werden, da er noch von der Türkenherschafft stammt, und nichts sollte an diese Zeit, die schon über 150 Jahre vorbei ist, erinnern, außer der Hass in den Herzen der Menschen, die hier geboren sind und neben dem kleinen Einmaleins diesen Hass eingeflößt bekommen.

Die einzige Straße, die zum Dorf führt, ist ein felsiger, unzugänglicher Steinpfad. Ein Fahrzeug, das nicht hoch genug ist, kann diese Straße nicht befahren. Einige, die es versucht haben, ließen sich mit einem defekten Kühler oder einem kaputten Tank von einem Traktor zurück zur nächst gelegenen Werkstatt abschleppen.

Die einzige regelmäßige Verbindung mit dieser nächst größerer Gemeinde ist der Regionalbus, der täglich einmal am frühen Morgen und einmal am späten Nachmittag nach Pano kommt. Der Bus ist

hoch, und so können ihm Steine nichts anhaben.
Steine, der sichtliche Reichtum armer Länder.

2

Die Worte, die mir dienlich sind, die atemberaubende
Landschaft zu beschreiben, können der Lüge
bezichtigt werden, da man diese Synopsis von Licht
und Schatten von Farben und Ton nicht beschreiben
kann. Bisweilen bedaure ich sehr, dass ich nicht die
Gabe habe, mein Gedächtnis so in Anspruch zu
nehmen, die Eindrücke, die jetzt 30 Jahre zurück
liegen, so wieder zu spiegeln, dass sie dem Leser
lebendig werden. Ich finde mich so sprachlos, wie
wenn ich einen Text, den ich vor sehr langer Zeit
gelesen habe, wieder wortgenau rezitieren sollte.
Diese Landschaft bleibt ewig in meine Sinne
eingemeißelt. Diese Landschaft, die die Menschen
prägt und führt, sie stärkt und trotzdem in ihrer
Einsamkeit belässt. Eine Landschaft mit hohen
Gebirgszügen, die wie in der Antike, heute noch eine
massive Festung bilden.
Sparta, die mächtige Stadt der Antike, ist der Star
der Region. Der eigentliche Star jedoch sind die
Olivenbäume die diese Region berühmt gemacht
haben.

3

Das Thermometer, das neben der Bar des Cafés an
einem Nylonfaden hing, zeigte siebenunddreißig
Grad. Unmenschliche Temperaturen für mein
mitteleuropäisches Empfinden. In diesem Sommer
des Jahres 1975 erreichten wir Githion, die kleine
Provinzstadt. Es war später Nachmittag, und ich
wollte nicht wissen welche Temperatur dieses
Thermometer in der Mittagszeit zeigt. Eine unzählige
Schar von Menschen tummelte sich am Strand.
Kinder wie Erwachsene kannten nur das entweder

laute Diskutieren oder das Toben in dem kühlenden Wasser. Simos und ich tranken unser drittes Bier. Simos stammt von Pano. Jeden Sommer versucht er, einige Tage hier zu verbringen. Er liebte das Dorf, wie man seine Heimat lieben kann. Er liebte das Haus, in dem er geboren wurde, dieses alte Steinhaus, in dem ihn Frau Milini vor 25 Jahren gebar und am nächsten Tag wieder auf den Feldern arbeiten zu müssen. Er liebte die Erde, er liebte die Orte, in denen er sich als Kind versteckt hat, er liebte die kleinen Kapellen und die kleinen Häuschen, die wie Butterstreusel auf den Bodenerhebungen der Landschaft gebaut waren. Er liebte trotz aller Widersprüche die Menschen und er liebte es, morgens als erster von der Sonne begrüßt zu werden genau wie die Abende unter großen Platanen zu liegen und der Stille zu lauschen. Jetzt war er wieder in Dorfes nähe. 15 Kilometer trennten ihn noch davon, und was sind diese 15 Kilometer im Verhältnis zu den knapp 3000, die ihn sonst von diesem Landstrich scheiden. Simos hatte mir seine griechische Heimat so plastisch und enthusiastisch beschrieben, dass es nur eine Frage der Zeit war und nicht vieler Überlegungen bedurfte, diese weite Reise mit dem Auto zu unternehmen.

4

Ohne Vorbedingungen bekommt die Schönheit einen noch faszinierenderen Gedanken. Sei es nur eine kleine Handbewegung, die die Haare aus dem Gesicht streicht, oder der Blick aus dem Halbwinkel, gepaart mit einem 30 Grad-Lächeln, das einem einen Roman erzählt, in dem trotzdem alles ungesagt bleibt.
Dieser Blick, der einen gänzlich unvorbereitet trifft und einen Wasserfall von Sinnestäuschungen auslöst. Es ist wie das Gefühl, seine Sinne, seinen Verstand auf der Garderobe abgelegt zu haben und der Abholcoupon unauffindbar ist. Ich erinnere mich

an diesen Blick von ihr, als ich ihn auf mich spürte und wusste, dass dieser Blick der plötzliche Tod sein kann. Bei diesem Blick kann kein Mensch die Notwendigkeit der Flucht erkennen und in diesem kleinen Augenblick zwischen totaler Selbstaufgabe und Ignoranz, in diesem Atemzug zwischen Resignation und Einfältigkeit klingen die Akkorde des Herzens wie eine liebreiche Melodie. Woher kommen die Sonnenstrahlen, will man wissen, und ob das Sein oder Nichtsein lediglich der Unterschied zwischen Versuchung und Hingebung ist. Wörter die sich zusammensetzen, um einen Satz zu bilden, leugnen die Liebe nicht. Leugnen nicht diesen Mut, der zulässt, sich bedachtsamer zu fühlen. Triumpf gibt es nur dann, wenn dich dieser Blick trifft, und Simos hatte triumphiert.

5

In Githion haben wir uns in einem Doppelzimmer eingemietet. Das Haus war keine zehn Meter vom Meer entfernt und wenn man auf den Balkon stand, hatte man das Gefühl, man befinde sich auf einem Sprungbrett. Das Meer verströmte seinen ihm typischen Duft von Freiheit und Frische. Diesen Geruch des unbeschränkten Seins.

Auf einmal wurde es Nacht. Es gab keinen Übergang zwischen dem hellen Schein der südlichen Sonne und dem dunkelblauen Mondlicht. Wie wenn sich die Klappen der Boxen vor einem Pferderennen öffnen, so öffneten sich die Türen der Häuser und die Leute strömten auf den Straßen. Man hatte sich schön gemacht. Kunterbunte Schleifen in den Haaren der jungen Mädchen leuchteten in den Lichtwinkeln, die die Straßenlaternen ausstrahlten. Ja, diese Mädchen, wie alle Mädchen auf der ganzen Welt, zu zweit oder zu dritt, Hand in Hand oder hüpfend flanierten sie die Promenade entlang. Die Tavernen, die einen Halbkreis entlang dem Ufer bildeten, waren innerhalb weniger Minuten voller Menschen. Die meist jungen Kellner brachten Frappes oder Ouzo, Retsina oder Rotwein. Es waren Schulferien, und in den Schulferien verdienten sich die Heranwachsenden manch eine Drachme bei der Arbeit als Kellner oder Schuhputzer, als Küchenjunge oder als Spießdreher für die reichlich fast vor jeder Taverne angebrachten Spießstationen. Simos und ich gesellten uns zu einer Clique heiterer Menschen.

Antonis der untersetzte Wirt von "Patrida" freute sich wie ein kleines Kind.

„Mitso, bring sofort zwei Stühle und drei Ouzo" rief er seinem dreizehn- oder vierzehnjährigen Helfer zu.

„ Beeil Dich, sonst bekommst Du einen Tritt, der Dich bis nach Kreta verfrachtet."

Als der Ouzo serviert wurde, bemerkte ich, dass neben einigen Oliven, die in einem Meze-Teller serviert wurden, kleine schrumplige Teilchen in einem Ölfilm schwammen. Simos klärte mich auf, dass es gegrillter Oktopus sei.

Wir bestellten mehrere Runden Ouzo und jedes Mal kamen zwei kleine Teller dazu. Einer mit Oliven und ein weiterer mit diesen köstlich schmeckenden Tintenfischteilchen. Inzwischen hatten wir einen ungesunden Pegel des Alkohols erreicht und wir verabschiedeten uns nicht, ohne uns vorher mit einem Glas Retsina bei Herrn Antonis für seine Gastfreundschaft zu bedanken, da alles war wir verzehrten auf Kosten des Hauses ging. Es war ein wunderbarer Abend. Zwei Männer füllten sich die Bäuche, betranken sich, ohne das Gefühl zu haben betrunken zu sein. Ja, das war Leben, ja, das war Urlaub, so könnte es die restlichen drei Wochen bleiben. Sorglos in den Tag hinein leben, aufstehen, ans Meer gehen, irgendwo eine Kleinigkeit zu Mittag essen, anschließend sich auf die faule Haut legen, sich im kühlen Meer erfrischen, nach jungen hübschen Frauen die Augen offen halten und am Abend in der Taverne bei Ouzo und Retsina die Erlebnisse noch einmal Revue passieren lassen.

6

Ein neuer Tag erwachte. Simos hatte vom Telegrafenamt aus ins Dorf angerufen und seiner Schwester ausrichten lassen, dass er mit einem Freund aus Deutschland zu Besuch kommt.
Michalis, der Bürgermeister, Postbote und Bestatter war, brachte Efterpi die Neuigkeit.
„Er kommt mit einem Deutschen„ hat er gesagt. Meinte Michalis.
„Ja, er hat mir von ihm geschrieben" antwortete Efterpi. „
„Was wirst du kochen„
„Was besonders Gutes." sagte sie „ Es soll alles wie in einem feinen Athener Restaurant sein"
Das sagte sie, ohne vorher jemals so ein Restaurant betreten zu haben, ohne jemals vorher auch nur in die Nähe von Athen gekommen zu sein. Das einzige Mal, als sie Pano verließ, war es an einem regnerischen Apriltag vor fünf Jahren, als ihre Tochter Melissa sich den Blinddarm operieren ließ.
In Blitzeseile wusste das ganze Dorf, dass Simos kommen würde, und die Neuigkeit, dass er einen Fremden mitbringen würde, machte genau so schnell die Runde. Der Dorfpolizist und sein Helfer ließen sich die Krawatten noch einmal glätten und der Wirt ging in den Keller, um nach dem Fass Retsina zu sehen, das er für besondere Ereignisse parat hatte. Die Kinder fragten sich, wie Simos jetzt aussehen würde und ob ihm das weitere Jahr in Deutschland verändert hat. Sie fragten sich, wie ein Deutscher aussieht, man kennt ja nur die aus dem Fernseher mit der strammen Uniform und die immer so schreien und arme Juden umbringen. Eigentlich waren alle der Meinung, dass das Wetter in Deutschland niemandem bekommt und darum die Menschen so hart werden. Sie befürchteten, dass Simos auch davon befallen sein könnte.
Oma Aglaia hatte sich ihren Zopf neu geflochten und einige Kinder malten ein Transparent, auf dem:

–Willkommen Simos - zu lesen war. Voller Erwartung haben sich alle auf den Besuch vorbereitet. Im Haus von Efterpi ging es drunter und drüber. Ihre zwei Töchter Melissa und Minou waren vor Aufregung nicht zu bändigen. Efterpis Ehemann Wassilis war bei der Arbeit im Kohlenmeiler. Er stellte Holzkohle her. Er hatte während der letzten drei Monate genug Holz gefällt und die Stämme und Äste auf die entsprechende Länge zersägt. Dann diese Stämme in gleichförmigen Pyramiden aufeinander geschichtet und sein spezielles Feuer angezündet. Hier galt äußerste Vorsicht als allerhöchstes Gebot, denn diese Feuerstellen durften Tag und Nacht nicht ohne Aufsicht gelassen werden. Wassilis teilte die Arbeit mit seinem Bruder Kostas, der sich für eine weitere Schicht bereit erklärte, damit Wassilis, nachdem ihn die Nachricht von Simos Kommen erreichte, auch zum Dorf gehen konnte, um seinen Schwager zu begrüßen.

7

Es war weit nach vierzehn Uhr, als sich ein Auto dem Dorf näherte.

Die Begeisterung und die Freude die ich da erlebte, hatte ich nie zu denken gewagt. Der überschwängliche Empfang und die freundlichen Gesichter galten nicht nur Simos, sondern auch mir. Ich sah Menschen, die sich freuten, einen Freund wieder zu sehen, sah Gesichter, die voller Tränen klar waren und spürte Liebe und Zuneigung, ohne jemals ein Wort mit diesen Menschen gesprochen zu haben. Niemals kam in mir ein Gefühl des Fremdseins auf und es war so, wie wenn ich schon immer hier gewesen wäre.

Im Garten des Hauses war ein Tisch voller Teller und Gläser.

„ Die Kinder haben schon gegessen" sagte Efterpi, „aber ihr habt sicherlich Hunger und Wassilis hat auch noch nichts gegessen"

Es vergingen die Stunden und es wurde gesungen und gelacht, getrunken und gegessen und wieder gesungen bis sich die Müdigkeit bemerkbar machte.
„Macht Dein Freund schlapp" übersetzte mir Simos die Worte eines Nachbarn, der sich irgendwann zu uns gesellte so wie all die Menschen, die inzwischen den Hof füllten.
„Bei uns trinkt man bis zum umfallen.„ übersetzte Simos weiter.
„Sag ihm, dass ich no... no... noch se ... sehr viel vertragen kann." Das waren meine Worte als ich meinen Kopf auf den Tisch vor mir fallen ließ.
Ich bemerkte, dass Simos' Kopf dem meinen folgte.
Simos berichtete mir am nächsten Tag, dass Frau Katharina als letzte die Runde verließ. Als ich ihn fragte, wen er meinte, machte er eine Handbewegung, die ich sofort verstand. Es war die alte Frau mit dem schwarzen Kopftuch, die lediglich noch einen einzigen Zahn in der Mitte des Oberkiefers trug.
Am nächsten Tag standen wir erst am sehr späten Vormittag auf.
„Habe ich die Sauferei geträumt?"
„Nein," antwortete Simos „ aber von diesem Wein bekommt man keine Kopfschmerzen."
Das Wasser aus dem Brunnen war angenehm kühl.
"Beeil dich," drängte Simos, „wir müssen ins Dorf, die Leute begrüßen."
„Du willst doch nicht weiter saufen?"
„Ein kleiner Ouzo schadet niemandem.„
Aus dem einen Ouzo wurden mehrere. Irgendwann hörte ich mit dem Zählen auf. Ein –Guten Tag- hier ein –Hallo- dort, eine Umarmung weiter unten.
Einer den anderen stützend hatten wir die Runde fast beendet, als vor uns eine Schönheit alles, was wir bisher gesehen hatten, in den Schatten stellte.
Sie ging an uns gesenkten Kopfes vorbei und Simos meinte: "Sie ist noch viel schöner geworden." „
Oh ja," grinste ich, „sie ist wirklich eine Wucht."

Simos lallte irgendetwas von Sternen oder so. Trotz meines Angeheitertseins dachte ich an einige Zeilen von Paul Eluard:
Immer hat sie die Augen offen
Und lässt mich nicht schlafen
Ihre Träume im hellen Licht
Lassen die Sonne verdunsten
Machen mich lachen, weinen und lachen
Sprechen, ohne dass ich was zu sagen weiß.

8

Wir hatten unseren zweiten Rausch binnen weniger Stunden. Wir hatten das Zeitgefühl verloren, als wir fast gleichzeitig wach wurden. Es muss spät gewesen sein, wenn man ganz genau lauschte konnte man in der Ferne auch einen Wolf heulen hören.

„Was macht ihr für Geschichten," fragte Efterpi „ihr seid mehr besoffen als nüchtern"

„Wir mussten alle begrüßen.„

„Ja, aber jetzt müsst ihr was essen, kommt, ich habe gefüllte Paprika und Tomaten. Die Nachbarin, die mit dem einen Zahn, kam auch und meinte, es wäre Samstag. Sie sagte es so betont, dass Simos neugierig wurde und nachfragte, Man erklärte uns, dass samstagabends sich das Dorf in der Taverne trifft, um am Fernseher die Serie;

- Der Unschlagbare- zu sehen.

„Ihr müsst wissen," sagte Katharina „letzen Samstag haben drei Gangster den Rechtsanwalt Pavlos entführt."

„Warum bist du noch hier,„ fragte Simos seine Schwester.

„Meinst Du, ich könnte ... „

„Klar, wir kommen zurecht."

Sie ging, um knapp eine Stunde später wieder mit einem Lächeln zu kommen. Sie berichtete, dass in letzter Minute der Rechtsanwalt gerettet werden konnte, seine Frau jedoch am Ende dieser Folge

einen Unfall hatte und man nicht weiß, ob sie
überlebt.

Als sie dies erzählte, sahen wir wieder das Mädchen
vom Vormittag, wie sie gerade am Hof vorbei lief.

Efterpi bemerkte Simos Blick.

„Ist das Theodoros Tochter?" fragte Simos.

„Ja, das ist Sophia," antwortete Efterpi." Das ist die
Kleine mit dem Engelsgesicht. Findest du sie
hübsch?"

Also Sophia heißt sie. Was für ein wunderschöner
Name. Oh ja, seine Schwester hat sie richtig
beschrieben. Das Mädchen mit dem Engelsgesicht.

9

Sobald die Liebe auftaucht, sind Worte nur noch
Rauch. Die Balance zwischen Traum und Realität ist
ein Schatten, der sich aus dem Profil erhebt.

Sobald die Liebe auftaucht, ist es sich mit den Augen
der Geliebten zu sehen, und Zufall ist lediglich das
Tor zum Korallenriff.

Im Mondschein des Frühlings tanzen die Träume auf
dem Pfad der Tugend. Nein, ich möchte jetzt nicht
von Sittsamkeit sprechen, ich möchte auch nicht in
Überlegungen verfallen, die lediglich das Unwichtige
als wichtig erklären. Die Geschichte der Liebe ist die
Geschichte von Menschen. Und noch nie hatte ein
Fluch solch eine Auswirkung wie in den Wesen,
deren Verstand vom Herzschlag bestimmt wird.
Grausamkeit ist nichts anderes als ein anderes Wort
für Liebe, und ich möchte so grausam sein und so
grausam behandelt werden. Konsequent und
folgerichtig muss man die Verweisung seines
logischen Handelns anerkennen.

10

Es vergingen exakt 12 Monate. Wir haben am
nächsten Tag das Dorf verlassen und sind über
Githion nach Athen gefahren. Die Zeit ist ein Faktor,

den man nicht in Griff bekommt. Das Prinzip ist recht einfach, wobei es nicht darauf ankommt, das Prinzip zu verstehen sondern es sich eigen zu machen. Unbestreitbar ist, dass dem Willen der Zeit niemand etwas entgegen zu setzen imstande ist.

11

In der Zwischenzeit hatte ich die Möglichkeit, in einer Abendschule einen Griechisch-Kurs zu besuchen, um, und das stand unlöschbar fest, wieder nach Griechenland in Urlaub zu fahren. Die Freundschaft mit Simos intensivierte sich. Wir waren nicht mehr täglich zusammen, da unsere Interessen sich relativiert hatten, doch die Beziehung war so fest, dass wir uns vornahmen, die Reise des letzten Jahres noch einmal zu wiederholen. So waren wir erneut in Githion angekommen. Dieses Mal jedoch mit einem Mietauto, das wir von Deutschland aus bereits gebucht hatten. Wir flogen bis Athen und danach fuhren wir weiter in die Lakonie, um Ouzo zu trinken, Tintenfisch zu essen und die Sonne Hellas auf uns scheinen zu lassen. Simos hatte, das war mein Eindruck, den Urlaubsflirt, wenn man diesen heimlichen, nur sekundenlang weilenden Blick so nennen möchte, vergessen. Letztes Jahr hatte er auf der Rückfahrt einige Male ihren Namen genannt und von ihrem Liebreiz gesprochen, aber das war inzwischen auch schon nicht mehr aktuell.
Das dachte ich, bis er mich tatsächlich bei dem dritten Glas *Ouzo* darauf ansprach.
„Klar," sagte ich „erinnere mich an sie. Sie war ja auch eine bildhübsche Person."

12

Zufall ist nicht nur ein Glücksfall, sondern oft die Sprache der Konstellation. Ich gebe es offen zu, dass ich weniger an Zufälle als an mathematische

Gleichungen glaube. Ich denke, man muss fähig sein, sich selber Rechenschaft abzulegen und sich nicht einer Örtlichkeit oder Nötigung hingeben.

Junge Männer in Griechenland sind, so wie ich mitbekommen habe, wie alle jungen Männer auf der ganzen Welt. In Griechenland jedoch und vor allem hier im Süden haben junge Männer anders als sonst wo besondere Prioritäten. Junge Männer dürfen Mädchen ansprechen. Mädchen aber keine jungen Männer. Junge Männer dürfen heimlich junge Mädchen treffen und anfassen. Junge Mädchen haben sich aber nicht mit jungen Männern zu treffen. Junge Männer dürfen frech sein in Wort und Tat. Junge Mädchen dürfen das Wort nicht an junge Männer richten.

Der Zufall nun, über den wir sprechen, ereignete sich gerade, als Simos und ich aufstanden und unser Blick sich dem Meer zu wandte. Wir sahen sie fast gleichzeitig. Das Mädchen mit dem Engelsgesicht. Sie war mit zwei anderen Mädchen zusammen am Strand. Simos sah mich an.

„Ist das ein Zufall?" fragte er und ging in ihre Richtung. Die zwei anderen Mädchen hatten sich gerade erhoben, um ans Wasser zu gehen.

„Hallo, guten Tag" sagte er.

Sie nickte lautlos zum Gruß.

„Weiß Du wer ich bin?"

„Du bist Efterpis Bruder."

„Ja, und du Theodoros Tochter."

„Auch richtig."

Es entstand eine kleine Pause.

„Wir sind ja helle Köpfe!"

„ Wie meinst du das?"

„Wir kennen uns, will ich dadurch sagen. Bist du oft hier?"

„Leider nicht, meine Schwester musste zum Zahnarzt und wir haben sie begleitet. Bist du oft hier?"

„Bin heute erst aus Deutschland wieder gekommen.

„Du heißt Sophia habe ich recht?"

„Du bist ja wirklich ein heller Kopf. Lernt man das in
Europa?"
„Dort lernt man viel, wenn man will."
„Wie ist es dort?"
„Wie überall. Die Landschaft ist etwas anders, die
Menschen sind etwas anders, das Wetter auch."
„Also doch nicht wie überall. Lebst du gerne dort"
„Schon, und lebst du gerne im Dorf?"
„Dort bin ich zuhause"
Ich sah noch, wie Simos ihr was zuflüsterte, ihr die
Hand reichte und zurückkam.
„Es ist verrückt" begann er „es ist verrückt, aber ich
werde dieses Mädchen mitnehmen."
Ich war zu müde und vielleicht hatte mir der Alkohol
auch das klare Denken getrübt, darum antwortete ich
nicht.
„Hast Du nicht zugehört?" fuhr Simos fort." Ich werde
sie mitnehmen. Ich werde wahnsinnig, wenn ich
daran denken muss, dass ich weit weg und sie hier
ist. Ein Jahr lang habe ich mir Gedanken gemacht,
Ideen geschmiedet und wieder verworfen, um sie
noch einmal neu zu bilden. Diese Frau ist meine
Frau. Ich weiß es!"

13
Wenn man mich später gebeten hätte, ich solle die
folgenden Ereignisse exakt wieder geben, hätte ich
streiken müssen. Es war nicht möglich, sich
teilnahmslos zu fühlen, wenn Schicksale in den
Wolken gebildet werden. Ist es die Eigenliebe, diese
groteske Macht die uns zu dem werden lässt, was
wir sind, oder ist es nicht das Gefühl der Liebe, die
Vermutung, die Sinnestäuschung, das Delirium, das
alles erklärt? Zu meiner größten Überraschung war
Simos nicht verrückt geworden. Er hatte tatsächlich
in den letzten zwölf Monaten einen Entschluss
gefasst und sich fest vorgenommen, diesen in die
Tat umzusetzen. Umso willkommener war die

Tatsache, dass er sie schon an seinem ersten Tag hier sah.

14

Simos traf sich mit Sophia am nächsten Abend hinter der Kirche des Heiligen Minas. Er offenbarte ihr seine Liebe und seinen festen Entschluss, sie zu fragen, ob sie ihn nach Deutschland begleitet.
„Du spielst mit mir," sagte sie
„Nein, das ist mein totaler Ernst. Ich hatte ein Jahr Zeit, mir Gedanken darüber zu machen. Ich habe mich in Dich verliebt, ich möchte dich heiraten."
„Das ist doch nicht dein Ernst?"
„Und ob ich das ernst meine. Du bist das schönste Geschöpf auf diesem Planeten. Ich gebe zu, das was ich von dir weiß, lediglich das ist, was mir Efterpi über dich berichtet hat. Die Sachlage ist so, dass wir hier in Lakonien sind. Du kennst die Sitten und die Regeln. Ich lebe 3000 Km von hier. Kann Dir nicht lange die Aufwartung machen, die Zeit ist ein Faktor, der zur Eile zwingt. Ich habe mich verliebt, Sophia. Ich liebe dein Lächeln, deinen Gang. Ich liebe deine ganze Aura. Ich möchte, dass du meine Frau wirst."
„Das geht nicht, mein Vater würde es nie zulassen."
„Willst du?"
Selten habe ich einen Menschen gekannt, der mit seinem Schweigen so viel zum Ausdruck bringen konnte.
„Vater wird es nicht zulassen"
„Willst du?"
Sie ließ es zu, dass er näher kam. Sie ließ es zu, dass er ihr Gesicht hob und sie ließ es zu, dass er ihre wohlgeformten Lippen mit seinen berührte.

15

Und dann umarmten sie sich und diese Umarmung war die Vereinigung von Zeus und Hera. Es gibt Fragen, die nie beantwortet werden können, und es gibt Umstände, die zwei Menschen durch einen Lichtstrahl des Mondes vereinigen. Es bedarf keiner weiterer Worte, um zu erkennen, um zu hören, um zu verstehen, was die Herzen sagen. Es gibt keine Entschuldigung dafür, dass man liebt. Wenn man die Schlucht überschritten hat, gibt es kein Zurück mehr. Es gibt Trennungen und es gibt räumliche Entfernungen genau so, wie Aufteilungen nie für die Ewigkeit gemacht werden.

„Eleni ist da" sagte sie

„Wer ist Eleni?"

„Eleni ist meine ältere Schwester. Wenn sie nicht vorher heiratet gibt es keine Chance für uns."

„Aber Eleni…" unterbrach er sie schroff.

„Es ist Tradition und ein uraltes Gesetz! Ich muss jetzt gehen, man wird schon nach mir suchen."

„Kann ich dich morgen wieder sehen?"

Sie schwieg wieder, ging drei vier Schritte und sagte leise, so das er es gerade noch hörte:

„ Morgen Abend wieder hier."

16

Am nächsten Abend war Simos schon sehr früh zur Kirche gegangen und zündete eine Kerze an. Als sie kam, hatte sie ihre Haare zu zwei Zöpfen geflochten.

„Ich freue mich" sagte er und reichte ihr seine flache Hand die sie ergriff.

„Ich kann nicht lange bleiben."

„Fünf Minuten, schenk mir bitte fünf Minuten. Sophia, ich will Efterpi zu deinem Vater schicken. Ich weiß, dass die Tradition es sagt, dass ein Elternteil oder der Älteste der Familie um die Hand einer Frau für den Bräutigam bei ihren Vater vorspricht."

„Das darfst Du nicht"

„Sie wird in meinem Namen sprechen, dass ich Dich gesehen habe und …"
„Eleni hat meinem Vater von Dir erzählt."
„Was kann sie erzählt haben."
„Mein Vater sprach mich an, warum ich mit Dir vor zwei Tagen in Githion am Strand ganz allein gesprochen habe.
„Efterpi wird es regeln"
„Es hat keinen Sinn, er wird nein sagen"
Dann entführe ich Dich aus dem Dorf. Dann machen wir es wie früher, wenn die Liebenden sich nicht bekommen konnten. Du muss nur wollen. Komm mit und du machst mich zum glücklichsten Menschen "
Als Antwort wandte sie nur den Blick ab, um ihn wieder zu heben und tief in seine Augen zu blicken. Wieder vereinigten sich ihre Lippen, und das war heiliger als jeder Schwur.

17
Dieser Kuss machte sie zu einem Ehepaar. Dieser Kuss entwaffnete beide und gleichzeitig gab er ihnen die Kraft, die notwendig ist, einen Menschen selbstlos zu lieben. Was ist das Atmen wert ohne Leidenschaft. Wie erbarmungslos und wie attraktiv ist es zugleich, das Wandern zwischen den Herzkammern. Ist man im Himmel oder in der Unterwelt? Man ist nur noch eins. Die Körper werden eins. Ein prunkvolles Feuer reißt Furchen in die undurchdringlichen Tiefen der Seele. Wie zauberhaft ist die Natur und wie simpel ist ein Mensch. Und in diesen Minuten wollten beide das simpelste vom Simpelsten nicht mit allen Naturgesetzen eintauschen.

18

Simos berichtete Efterpi und mir von seiner
Begegnung mit Sophia: "Du musst sofort zu
Theodoros gehen. Ich kann diese Spannung nicht
mehr aushalten."
Efterpi ging, um keine zwanzig Minuten später
wieder zu kommen.
„Keine Chance" sagte sie, als sie kaum in die
Wohnung gekommen war." Wenn Eleni nicht
heiratet, kann Sophia alle Gedanken an Heirat
begraben."
„Dann machen wir es wie in alten Zeiten. Ich
einführe sie."
„Denk doch mal nach," mischte ich mich ein. „Wie
soll sie ohne Papiere nach Deutschland kommen?"
„Ich fahre noch nicht nach Deutschland zurück. Wir
fliehen irgendwohin für einige Tage. Dann wird ihr
Vater sicherlich einlenken."
Der Plan war schnell fertig gestellt. Sophia und
Simos fahren nach Sparta oder vielleicht nach
Athen. Efterpi wird drei Tage später zu Theodoros
gehen, sagen sie hätte einen Anruf von Simos
erhalten. Er hätte nicht gesagt wo er sei, sie solle
lediglich zu ihm gehen und sagen, dass es Sophia
gut geht, und er wolle in zwei Tagen noch einmal
anrufen. Sie solle Theodoros nochmals bitten, seine
Einwilligung zur Hochzeit zu geben.
In derselben Nacht vernahm Simos eilige Schritte,
als er auf Sophia hinter der Kirche des Heiligen
Minas wartete.
„Ich habe Angst" sagte sie
„Gott sei Dank bist du gekommen."
„Meinst Du, dass es das Richtige ist, was wir tun?"
„Bereust Du es?"
„Nein, ich habe nur Angst."
„Wir haben uns gefunden, unsere Liebe wird uns
helfen. Wir werden uns erst dann wieder trennen
wenn die Welt verwelkt."

19

Sie fuhren Richtung Norden durch die immer enger werdenden Bergstraßen. Sophia klammerte ihre Hände vor der Brust. Eine sternlose Nacht, ein merkwürdiges Bild in dieser Gegend. Die Felsen ragten empor und das Auto entfernte sich immer schneller vom Dorf.

Simos liebte sie. Es war eine Liebe auf den ersten Blick, die einen vom Anfang an wissen lässt, wie es weiter gehen wird. Er war sich bewusst, welche Verantwortung er übernommen hatte. Er war fünfundzwanzig und sie gerade neunzehn, und wenn sie in Griechenland bleiben müsste, sie konnte nicht vor ihrem einundzwanzigsten Geburtstag heiraten. Wo sollte er hingehen? Hotel OK, ein zwei Wochen. Vielleicht nach Thessaloniki, wo ihn ein Jugendfreund bestimmt aufnehmen würde. Für wie lange? Was würde mit seinem Arbeitsplatz passieren, wenn er nicht mehr auftauchen würde. Es gibt nur eine Lösung, Theodoros musste einlenken, er musste verstehen, dass, Tradition hin und her, die Liebe stärker ist.

Plötzlich, niemand bemerkte es, kam ihnen ein Laster entgegen. Simos versuchte das Lenkrad noch herumzureißen, doch die Scheinwerfer wurden immer größer und größer bis ein brausender Krach alles verdunkelte.

20

Im Dorf wurde inzwischen das Ausbleiben von Sophia entdeckt. Theodoros, dessen Wut nicht zu bändigen war, erfuhr von Eleni, das Sophia und Simos das Dorf verlassen haben.

„Sie lieben sich doch," schluchzte sie. Ihr Vater jedoch konnte sich nicht beruhigen. Er ging zum Haus von Frau Efterpi. Sein Jagdgewehr auf der Schulter stürmte er die kleinen Gassen.

„Ich bringe ihn um, ich bringe diesen Schuft um!"

Die Leute im Dorf haben sich sehr schnell auf die
Seite von Theodoros geschlagen.
„Deutschland schadet nur."
„Schande hat er über unser Dorf gebracht."
„Die Knochen unserer Toten sind beschmutzt
worden."
„Erschossen gehört der Dreckskerl und Hunde sollen
seinen Leichnam anpinkeln."
Nur der alte Thomas, den alle zum Dorftrottel
auserkoren hatten, wagte leise zu sagen:
„Lasst doch der Liebe ihr Dasein."

21
Der Fahrer des Lastautos bemerkte schnell dass der
junge Mann Hilfe brauchte. Das Mädchen schien nur
einen Schock erlitten zu haben.
Das Auto war nicht mehr fahrtüchtig und mit seinem
Lastkraftwagen brachte er die Beiden ins nächste
Krankenhaus, also wieder zurück nach Githion. Die
Untersuchung ergab dass Sophia leichte
Schürfwunden hatte, Simos jedoch eine
Gehirnerschütterung und Prellungen, die laut Arzt
einen Krankenhausaufenthalt zwingend notwendig
machten.
„Darf ich bei ihm bleiben?" fragte Sophia.
„Klar", sagte der Arzt, „aber nach der Spritze, die er
bekommen hat, wird er vor Morgen Mittag nicht
erwachen."
„Bitte, ich möchte bleiben."
Am nächsten Tag erhielt ich eine Nachricht. Sophia
hatte diese für mich hinterlegt. Als ich ins
Krankenhaus kam, fand ich die beiden eng
beieinander. Sie hatte sicherlich die ganze Nacht
durch geweint, ihre Augen waren rot und
geschwollen.
Ich rief im Dorf an und verlangte nach Efterpi.
Nachdem ich ihr erzählte, was passiert war und dass
Simos noch ein paar Tage im Krankenhaus bleiben
muss, fragte sie: „Wie geht es dem Mädchen?"

„Es geht ihr gut. Aber ich denke mir, es wäre besser,
wenn du ihren Vater informierst. Er kann sie mit
einem Taxi zurückholen. Vielleicht hat ihn dieser
Zwischenfall milde gestimmt.
Frau Efterpi fand Theodoros vor einer Ikone des
heiligen Georg niederknien.
„Was ist mit meinem Kind?"
„Sie ist wohlauf, nur mein Bruder ist leicht verletzt.
Ist es nicht das Beste, du schickst ein Taxi und holst
das Kind zurück? Siehst Du, was passieren kann.
Hättest Du keinen so sturen Schädel, wären sie nicht
Hals über Kopf weggefahren."
„Ich will sie nicht wieder sehen. Sie hat Schande
über die Familie gebracht."
„Theodoros, ich weiß wie sehr Du deine Sophia
liebst. Mein Bruder hat einen Fehler begangen, Du
hast ihn mit Deiner Sturheit hierzu gezwungen. Ich
will jetzt keine Schuld aufwiegen. Er hat den Fehler
gemacht und ist bestraft worden. Gott wollte jedoch,
dass die Kinder leben. Hörst Du, Gott hat ihnen eine
Lektion erteilt, aber sie leben!"
„Ich kann nicht"
„Theodoros, Simos hat es aus Liebe zu Deiner
Tochter getan."
„Gehe bitte, Frau Efterpi, gehe bitte uns lass mich
allein."

22
Als ich am nächsten Tag ins Krankenhaus kam, sah
ich noch, wie Sophia in ein Auto einstieg. Simos Arm
lag in einer Schiene.
„Das war das berühmte Glück im Unglück ?"
Simos bejahte lautlos.
„Hast Du Sophia gesehen?"
„Sie ist gerade mit einem Auto weggefahren."
„Ich muss mit ihrem Vater sprechen."
„Was sagt der Arzt?"
„In zwei Tagen bin ich der Alte, dann will ich ins Dorf.
Ich werde Theodoros um die Hand seiner Tochter

bitten. Er wird zustimmen, ich bin ganz sicher, dass er zustimmen wird."

Als er zwei Tage später, immer noch mit dem Arm in der Schiene das Krankenhaus verließ, ermahnte ihn der Oberarzt, noch vorsichtig zu agieren.

23

Mit dem Taxi fuhren wir zum Dorf.
Zweihundertfünfzig Drachmen kostete die Fahrt. Bei Frau Efterpi angekommen, war seine erste Frage:
„Hast Du Sophia gesehen?"
„Ich wollte zu ihr, aber Theodoros hat mich nicht ins Haus gelassen."
„Ich gehe jetzt hin."
„Ruhe Dich doch erstmals aus," sagte sie
„Ich muss jetzt gehen."
Als er durch das Dorf ging, wandten sich die Leute vor ihm ab.
„Guten Tag Oma Kartousi." Die alte Frau sah ihn nicht einmal an.
Er sah Theodoros Haus. Er hatte sich fest vorgenommen, ihn zu überzeugen, dass Sophia die einzige Frau ist, die er jemals lieben wird. Nach seinem Klopfen vernahm er Theodoros Stimme.
„Verschwinde."
„Theodoros, ich liebe Deine Tochter. Ich will sie heiraten. Bitte gib uns Deinen Segen"
„ Geh zum Teufel, du Bastard."
„Theodoros, ich komme in Frieden und spreche mit Dir in voller Ehrfurcht. Verbanne den Hass aus deinem Herzen."
Die Haustür öffnete sich, und das letzte was Simos sah, war der Feuerstrahl aus dem Lauf des Jagdgewehrs.
„Das ist die gerechte Strafe für einen Menschendieb," sagte Theodoros und warf das Gewehr zum Boden.

24

Ich war Simos gefolgt und konnte sehen, wie er
vornüber stürzte. "Mord! Das ist Mord," schrie ich mit
der Kraft, die mir meine Stimmbänder nach dem
Schreck noch gelassen haben.
Inzwischen hatten sich einige versammelt. „Das ist
Mord, ihr habt es doch gesehen," schrie ich weiter.
Der Dorfpolizist, der Sekunden zuvor noch da war,
war verschwunden. Ein Pope kniete sich vor Simos
und legte sein Kruzifix auf dem leblosen Mund.
Aus dem Hausinneren hörte ich lautes Weinen.
"Mord! Das ist Mord!" Ich war nicht zu bändigen.
„Er hat die gerechte Strafe erhalten," sagte eine alte
Frau.
„Sieht denn niemand das Unrecht?"
„Was ist schon Recht und was Unrecht" sagte der
alte Thomas.
Außer Frau Efterpi, den alten Thomas, den Popen
und mich waren alle verschwunden.
Der Himmel war kein Himmel mehr, sondern nur ein
dunkles Leichentuch.
Wahnsinn kommt immer von Begeisterung, aber
kann man sich einer Versuchung abwenden, wenn
man den Sinn nicht begreift?
Sophia kam, kniete sich vor Simos und hielt eine
brennende Kerze in der Hand.
„Er hat mich einmal Mädchen mit dem Engelsgesicht
„ genannt
„Er hat dich sehr geliebt"
„Mädchen mit dem Engelsgesicht, schon
merkwürdig."
Sie kam mit ihrem Mund näher an die Lippen, die
nicht mehr lebten, und küsste sie.
„Das Mädchen mit dem Engelsgesicht bittet Dich um
Verzeihung."

25

Vor kurzem sind mir diese Erinnerungsfetzen wieder in den Sinn gekommen. Es sind dreißig Jahre vergangen. Meiner Frau habe ich vor einigen Jahren diese Geschichte erzählt, und sie beschämte mich mit ihrer Frage, ob ich jemals Simos Grab besucht habe. Ich habe es verneint. Ich erzählte ihr auch nicht, dass ich mich wie ein nasser Pudel davon geschlichen habe, dass ich so leer und so machtlos war, dass ich lediglich in der Flucht mein Heil suchte. Simos Wohnung ließ ich vom griechischen Konsulat räumen, und drei Monate später verließ ich sogar die Stadt, als mir ein lukrativer Posten angeboten wurde. An Frühlingstagen jedoch, wenn die ersten Blüten sichtbar werden, muss ich zwangsläufig an den Mann denken, der mein Freund war und der in so jungen Jahren um der Liebe willen sein Leben verlor. Mein Leben verlief in ruhigen Bahnen, ich verliebte mich, wir heirateten sieben Monate später. Drei weitere Monate danach wurde unser erstes Kind geboren. Er ist jetzt so alt wie Simos damals war. Unsere Tochter kam drei Jahre später zur Welt. Wir sind glücklich, denke ich. Wir sind zufrieden, und Zufriedenheit bringt meistens die Trägheit, die notwendig ist, um glücklich zu sein. Wenn ich manchmal an die damalige Zeit zurückdenke und mir diese berauschende Liebe zwischen Simos und dem jungen griechischen Mädchen in den Sinn kommt, weiß ich, dass mir dieser Rausch entgangen ist. Sie hatten nur wenige gemeinsame Stunden. Sie haben aber in diesen Stunden viel mehr erlebt, viel mehr genossen, als manch einer sein ganzes Leben.
Simos, ich denke oft an Dich mein Freund. Ich weiß, dass es keine Bedingungen gibt. Es sind lediglich poetische Vorstellungen von dem, was man sich ersehnt. Du bist der Verlockung der Schönheit gefolgt und es sind so viele Jahre vergangen und ich beneide Dich darum immer mehr.
Kannst Du mir nach so langer Zeit verzeihen, dass ich Dich erst jetzt verstehen kann?